JN126669

見えない存在

埼玉県ケアラー支援条例から

吉良 英敏
KIRA Hidetoshi

文芸社

まえがき――愛の社会化

私はお寺の子として生まれました。19歳の頃、奈良県の総本山での修行を終え、埼玉の自宅まで東海道を歩いて帰りました。その途中、山の中の細い道を歩いているところで嵐に見舞われました。時刻は確か夜の7時頃で辺りはかなり暗くなっていました。そんな時、山の向こうに小さな明かりが見えました。まさに希望の光でした。しかもその明かりのほうへ近づいていくとお寺だったのです。心細く歩いていた私は、助かったという気持ちで思わず小走りになったのを憶えています。そしてお寺の奥さんに「少し休ませてください」とお願いすると、意外にも「うちでは宿坊はやっていないから他に行ってもらえるかしら」と断られてしまいました。嵐をしのぐだけでよかったのに。鐘突き堂の下で構いません、というお願いもむなしく、仕方なくさらに歩いて誰もいない神社の縁の下で寝たのを憶えています。

お寺を変えなければいけない、もし自分が同じことをお願いされたら必ず泊めてあげよう、困った人を助けてあげようと心に誓いました。世の中を変えようと思った最初のきっかけだったと思います。しかしその後は、様々な人にたくさん助けられながらの17日間の野宿の旅でした。見知らぬ人への感謝の念、社会愛を育ませていただいた短くも貴重な旅でした。

うちの娘（当時5歳）は、私の街頭演説をよく手伝ってくれました。私の傍で看板を持ってくれるのです。なぜ手伝ってくれるのか。2つの前提があると思いました。一つ目は、父が好きであるということ。二つ目は終わったら大好きなタコ焼きを買ってもらえる。後者が最大の理由かと思われますが、私のすぐ隣で看板を持つ娘の表情を見ると、さらに大切なことに気づかされました。周りからの視線に照れながらもにこやかに持ってくれている。恥ずかしくもありながら、大前提として人が好きなのだと思います。それは世の中が好きということになると思います。

学校での勉強は重要ですが、もっと広く大切なものを育めるようにすること。私たち大人もそのようなことに共に気づける機会と環境をつくりたいと思いました。これも後述する「寺子屋☆きらきらこども塾」という事業の中で育んでいます。

この本を書こうと思ったきっかけはいくつかあります。全国初のケアラー支援条例を制定するにあたり、介護や看護の現場と向き合う中で、「見えない存在」であるケアラー・ヤングケアラーを顕在化させる必要性を感じたことです。おかげさまで現在は全国に認知度も上がり、また各地域で条例づくりも波及していますが、今年はさらに進めて、ケアラー支援条例の基本理念でもある「社会全体で支援する」ために全国行脚キャラバンを展開中です。さらに、幸せ目線の学生経済フォーラム「YouthCare Summit（ユース・ケア・サミット）」も２０２３年秋に東京国際フォーラムにて開催予定です。

また本書では、お役所の縦割り構造に象徴される中央集権型に変わり、コネクテッド型（自律分散型）という新しい社会構造を提唱しています。これは以前、県議会本会議の一般質問でも取り上げましたが、なかなか理解されませんでした。もっとわかりやすく、自分自身地に足をつけて説明しなければいけないと思ったのです。

この本の中心的な話題である全国初の「埼玉県ケアラー支援条例」については、埼玉県の高齢化へのスピードが全国一であることを鑑み、埼玉県議会自民党県議団の仲間が一丸となり取り組んでくださったおかげです。そして党派を超えて県議会全会一致でご賛同いただきましたことに感謝したいです。さらに、日本ケアラー連盟様、さいたまNPOセンター様はじめ、支援団体の皆さんには本当にお世話になりました。

また、別な偶然も重なりました。コロナ感染症の影響で、自宅で過ごす時間が増えたことです。そして私自身がコロナに感染してしまった隔離期間の10日間で原稿を作成することができました。

様々なことが重なり出版に行く着くことができましたが、私が苦手とする文章とのにらめっこに耐えながら完結することができたのも、これまで育ててくださった多くの皆さんと社会のおかげであると感謝致します。

見えない存在

目次

第１章　見えない条例

第一節　全国初、見えない条例

ひとつの条例

令和2年3月、ひとつの条例が誕生しました。「埼玉県ケアラー支援条例」です。

この条例は、介護者（ケアラー）を支援する条例でありますが、現代の高齢化や格差などの社会的問題から、死生観や生きる意味に至るまでを私たちに投げかけています。

埼玉県は高齢化のスピードが全国一であり、さらに人口あたりの医師数が全国で最も少ない県です。ちなみに、県内で最も少ない地域が私の地元である利根医療です。

そういった状況の中で、いかにケアの課題を解決していくか、全国で最も重い課題を突きつけられている埼玉県だからこそ、全国に先駆けて条例化させようという想いがありました。

昭和の頃「人の命は地球よりも重い」という言葉がありましたが、私たちは命の重さや生きる意味について今だに考え悩んでいます。そして現在、認知症や障害など様々な介護や看護が必要とされる中、多くの人の労力で成り立つ介護社会とどう向き合うか。人生の中でケアと関わらない人がいない中で、人生をどう生きるかを問う条例となったのです。

きっかけ

私はこの条例の提案者代表となりましたが、全国初で制定されるきっかけがいくつかありました。

まず市民の力です。一般社団法人日本ケアラー連盟さんはじめ、ＮＰＯや関係団体の皆さんが、啓発、人材育成、サロンの運営など、すでに活発に取り組まれており、その活動の延長で私たちにも働きかけてくださったのでした。

次に、単独過半数を有する私たちの会派が、政策に対し敏感で議員提案条例も全国で最も制定させている議会でありました。

そして、高齢化率が全国一で高まっていく埼玉県の厳しい状況が大きかったと思います。議員活動をする上で普段からそういった場面や不安なお声を多く耳にするのです。

議員になって最初に行った視察先は、東京都世田谷区にある「国立成育医療研究センター」でした。我が国の周産期医療のトップであり、その最先端の技術では赤ちゃんは体重が250グラムあれば生きられるそうです。私の息子が4・3キロで生まれてきたので20分の1です。しかし院長先生の言葉が忘れられません。「赤ちゃんは死ななくなった。でもその子が生まれた後も健康で、幸せかは保証できない」

その後、重度障害児の保育所を視察しました。多くの赤ちゃんが人工呼吸器をつけて身動きもせず横になっていました。また、当時の埼玉県の病院事業のトップから、この子どもたちには1人に年間2,000万円の税金がかかるとの説明がありました。寿命も医療の進歩で健常者と変わらなくなりました。この子たちの将来はどうなるのだろうと思うと涙がこみ上げてきました。私たちの社会には何が足りなくて、これから何が必要なのかを考えました。

その後、地元でパパママ集会を開催した時のことです。同世代のパパママとランチをしながらほっこりした雰囲気で交流を深め、支持を広げることが目的でしたが、あるママさんの一言で雰囲気は一変しました。「助けてください」それは障害の子を持つお母さんからの悲痛な叫びでした。障害を持つ子には様々なサービスがあるが、その親や介護する人には支援が一切ない。自分の時間がない。もう限界まで親として頑張る姿。同世代のママさんたちとの涙の集会となりました。この人たちを助けなければ！　支える人を支えなければ！　と覚悟を決めたのです。

今思えば、私自身も介護の現場を見て育ちました。母方の祖母が52歳でくも膜下出血に倒れ、とてもやさしく綺麗なおばあちゃんが、怖いおばあちゃんに一変してしまったのです。小さな頃の記憶でしたが、その空気感や介護するおじいちゃんの大変そうな姿、何とも言えない疲れた表情が私の記憶に焼き付いています。

また、私の支援者には目の見えない方がいました。少し前に亡くなられましたが、地元の名物先生で気概があり90歳になっても私の挨拶回りで先導してくださいました。いつもの行きつけのお宅を回り、喫茶店に行けば自分の指定席があり、たくさんの人を紹介してくださりました。また、耳の聞こえない支援者の方もいました。毎回私の小さな対話集会に足を運んでくださいました。なるべくわかりやすくゆっくり話すように心がけました。

このように私の周りには、様々な障害を持たれている方が身近にいたのです。この条例づくりを通じて様々な介護や看護の現場を見るうちに改めてその存在に気づかされ、さらにその周辺のケアする人たち、すなわち、これまで「見えない存在」であったケアラーの存在に気づかされていくのです。

毛穴条例

「まずもちまして、この条例案はケアラーであり、毛穴ではありません」

会派内でプロジェクトチームを立ち上げた時の笑いも含めた最初の言葉です。それくらいケアラーという言葉は認知されておらず、深刻な状況も見えていなかったのです。

ケアラーとは無償で介護や看護をする人。ヤングケアラーとはケアラーのうち18歳未満。ケアラー支援条例とは、介護などをする人を支えるための条例です。

具体例をあげれば、所沢が舞台のアニメ映画、『となりのトトロ』。その主人公のサ

条例可決後、議事堂ロビーにて支援団体の皆さんと

埼玉県議会　本会議場

ツキちゃん、彼女はヤングケアラーです。入院している母親に代わって、幼い妹の世話をしている小学生です。直接、家族の介護をしていなくても、本来大人が担うような家事や家族の世話などをしている子もヤングケアラーです。

この条例がなぜ必要なのかと聞かれることがあります。介護者の7割が悩みを抱え、介護離職は年間10万人、虐待の6割は孤立介護から来るものです。さらに、介護疲れによる自殺は年間200件、介護殺人は年間40件。これらを見ても、社会的・政策的な支援が必要なことは明らかです。

このケアラー支援に関わる埼玉県の部局は、福祉部はじめ5部7課にまたがりますが、あえて関連部局を明記しませんでした。なぜなら明記した段階でそれ以外は関係なくなるからです。介護などで自分を見失ったり、孤立することがないように、誰もが安心して介護や看護ができる社会にするためには、すべての部局が関係し、あらゆる関係機関で取り組むことが必要だと考えました。

全国初のケアラー支援条例ということでマスコミ各社からも取材を頂きました。海外からの関心も高いことから英文記事にもなりました。ヤングケアラー（18歳未満のケアラー）支援については、国連の「こども権利条約」にも関わる大切なものです。

今後、実効性のあるものとするために、国と市町村へ働きかけ、ヤングケアラーに関しては教育機関と連携し取り組んでいくところです。

介護の現場は、高齢化、核家族化、無関心、格差など、現代社会の縮図です。そして、介護や看護に関わらない人はいないと言っても良いでしょう。だからこそこの条例は、社会全体すべての人のための条例であると強く感じるようになりました。このケアラーの現場を切り口に、今後の社会のあるべき姿を共に見出すことができればと思います。

ないという考えをなくす

私はお坊さんです。仏教ではよく「足るを知る」という言葉を使います。これは、ないと思ったらきりがないという教えであり、同時に満たされない人間の本質を表していると言えます。常に足りなかったからこそ、人類は研究をし、文化や技術を発展させ、時に悲惨な戦争を繰り返してきました。しかしこの欲がなければ人類は未だ木の上に座りバナナを食べていたかもしれません。

私は10代の頃から「障害者」という言葉をなくしたいと思っていました。また、今回の条例づくりにおいては、介護の重く辛いイメージを、明るく健康的なものにしたいと思いました。

そのためには、何を変えればいいのか考えました。そしてそれには、気の毒だ、かわいそうだと思われている現状を変えること。それには、支えなければいけない存在なのではなく、あくまでも対等な関係にすることだと思うのです。

これまで私がイメージしてきた介護や看護は、いわゆる老人ホームやデイサービスの職員さんがお年寄りを介護する光景です。しかし、介護や看護の現場を見ているとこうしたイメージは3つの点で間違いであることに気づかされました。

一つ目は、ケアというと高齢者介護をイメージしてしまいますが、実際には障害の子を持つお母さんが介護するケースや、事故や怪我の後遺症で家族が看護する場合など、様々な介護と看護の現場があるということ。

二つ目は、施設での介護は一部であり、多くは在宅介護であるということです。例えば日本における高齢者介護を例に挙げると、在宅介護と施設介護の割合は、要支援1、2から要介護1、2まではほとんどが在宅です。要介護3で3割が施設となり、要介護4が半分、要介護5は半分以上が施設介護となります。在宅介護の平均的な期間は4年7か月です。このように在宅介護をしている人は非常に多いのです。

三つ目の間違いは、できる人ができない人に手を貸してあげるという一方通行の介護現場のイメージです。それは前提として、〇〇ができない、〇〇がないという考えがありました。

医療的ケア児の方々にお話を伺ったときのことです。私は、辛く大変な現状をヒアリングし、とにかく行政からの支援を強化して解決させるつもりでした。しかし、話をしばらく進めていくと、親と子すなわち介護者と要介護者は生活が一つになっている。この子を介護することが私の人生だと言われているようでした。自分の時間などほとんどなく疲労と苦労の毎日にもかかわらず、私がやらずに誰がやるのかという覚悟を痛感しました。まさに生きがいになっている。

この条例をつくる仲間の保守系議員から「何でも支援したら日本の家族の絆を壊してしまうのではないか」という意見がありました。その時は、「そんなことを言っている場合ではない、介護で苦しんでいる現状を見てほしい」と理解を求めていました。実際にこれまで、家庭や身内に丸投げしてきたのが日本社会。時代の移り変わりとともに、家族社会は小さくなり様々に変容しました。これからは個人を尊重し、社会全体で支援する仕組みをつくろうということです。

私は、介護する人は介護される人に対して「〇〇することができない」という発想をもたないことが良いと思います。高齢者介護であれば「自分も数十年後には介護される立場になるのでお互い様」と捉えることで、自分事として自然な支援ができると思います。一方的で上下関係のような関係が解きほぐされ、もっとお互い気楽で楽しい介護になると思うのです。

第二節　眼の御本尊

眼の仏様　薬師如来

私のお寺のご本尊は薬師如来《やくしにょらい》と言います。薬という文字の通り、わかりやすく言えば医療系の仏様です。さらにうちのお寺の独特の言い伝えがあり「眼の仏様」として地域に崇められてきました。現在も毎年8月16日はご本尊をお祀りする行事があり村の若い衆で縁日も行われています。

お坊さんは「見る」ということを大切にします。たとえばうちのお寺の堂内には千手観音様がいます。まさに千本の手で私たちを守ってくださるという仏様ですが、

薬師様縁日と打ち上げ花火

観音様は字のごとく「音を観る」と書きます。仏教では「観る」は慈悲深い眼、すなわち心の眼のことを言います。これは私たちに視覚ばかりで見ないことを促していますが、現実には人が得る情報の9割は視覚だと言われています。私たちは目でとらえた世界がすべてだと思い込んでいるということです。

私たちの視界

健常者は、介護を受けている人に対し、足りないものがあると思いがちです。目の不自由な方がいた場合、それを補うために、手を添えたり、譲ったり、情報を提供したりしていると思い込んでいます。しかし視点を変えてみると、私たちは本当に目の前が見えているのか怪しい時があります。

例えば、私たちは車に乗ったときナビに頼りすぎて、逆に道に迷う時があります。冷静に考えれば行くはずのない明後日の方向に行ってしまうこともあります。情報が多すぎるがゆえに逆に振り回されているのです。情報を川の水にたとえると、限度が過ぎれば洪水になり新たな問題が起こってくる。溢れないように護岸を整備すればするほど、川岸は崩れなくなるが、水の流れが激しくなり大災害に結びつくこともあります。

情報が多すぎることで周りが見えなくなっている。私たちは慌てている時に視界が狭くなり、つまずいたり転んでしまうことがあります。そう考えると視覚障害の人は、健常者より足元が見えているのかもしれません。人生でいえば、忙しくなりすぎると本当の幸せ（気づき）を見失いがちになります。だから仏教の座禅は、あえて「なにもしない」ことをし、もっと目の前を観て本来の大切なことを感じ幸せに生きることを説いているのです。

そこにボタンがあるから押す

これからＡＩ（人工知能）やビッグデータなどによる予測化が進めば、私たちの行動はさらに分析されターゲット広告のように知らぬ間に誘導されていきます。私たちが情報を使っているのか、使われているのかがわからなくなる時代です。

私の４歳の息子は、いたずら盛りで目の前にあるものをいじくりまわすのでかなり手を焼きます。実は私も小さな頃にビルの非常ベルを鳴らしたことがあり、何をしても鳴りやまずパニックになったことを憶えています。なぜ押したのか、子どもからすれば目の前にボタンがあるから押してみるのです。暑い日に目の前に販売機があるとジュースが飲みたくなったり、スマホをいじっていたらいつのまにか買い物しているのと似ています。これらは実は自分が思うほど、自分の意思で行動していないということを示しています。

となると、これからは情報が少ないことがメリットとなったり、ないものに対する価値が上がるかもしれません。認識しないものは欲しくなりません。修行が人里離れた山寺で行われているのもそのためです。踊らされないで生きること、安らかな場やスタイルが求められる時代ともなるでしょう。

見えないとは、見えないものがないということ

そもそも「見る」とはどういうことか。目の前の景色を見ることから、相手の心が見えるなど、その対象はかなり幅広いです。例えば、人の性格を判断する時、顔よりもむしろ声の方が性格だけでなく感情や体調などもわかることがあります。目の前が見えてしまっているからこそ、本質が見えなくなることも少なくありません。

また人間は、一度に複数の視点を持つことはできませんし、さらに一点を見ている

ようで突き詰めていくと、厳密には何を見ているのか定まっていません。例えば人を見ているとしたとき、相手のどこを見ているのか、顔を見ていたとして顔のどこを見ているのか、目を見ていたとして目のどこを見ているのか……など、見るという行為は意外と曖昧です。

また、禅問答のようですが、見えるとは、見えない場所があるということでもあります。コインのように表がある場合は必ず裏がある。健常者が言う目が見えない人は、もともと視界がないのだから見えないものがないのです。全盲の方にとっては正面や裏がない。したがって、見えないものがあるのは、実は見える人の方なのではないでしょうか。

仏教では、「目に見えないもの」の方が価値あると言われます。情報に溢れた見ることばかりの世の中でありながら、肝心な自分の人生が見えない時代でもあります。だからこそ世界をもっと全体的に見なければいけない。それは見ないことから始まります。

剣道の眼

私は中学生の頃から剣道をやっています。武道は相手の動きの読み合いで、全体を見る眼を養わないと強くなりません。若くて素速い人が強そうに思われるかもしれませんが、剣道の世界ではそうではありません。心得として、一眼《いちがん》、二足《にそく》、三肝《さんたん》、四力《しりき》とされていて、いわゆる力やスピードの重要度は4番目の最後に挙げられています。実際に剣豪と闘うと、自分の動きがすべて読まれているような感覚に襲われます。「なんで小手を打つとわかるのですか」と聞くと、「顔に書いてある」と言われたことがありました。普通の視覚のレベルではありません。その剣豪には私の意思が一連の動作の流れから見えているのです。剣道が眼を重視するのは、この流れを見ることが大切だからです。剣道の打突《だとつ》は、筋力やスピードで打つのではなく、むしろ相手のスピードに乗るイメージです。剣道には出鼻技《でばなわざ》というものがあります。これは相手の出ようとした瞬間に打つのですが、相手のスピードと力を利用しています。ですので勝ちたいと思えば思うほど、自分を強く出せば出すほど、勝負には勝てなくなることがあります。技は一方的なものではなく、相手の動きがあって成り立つということです。勝っても負けても相手があってはじめて成り立つものだからです。だから武道は礼を重んじ相手を敬うのです。

ないけどある

武道には形《かた》というものがあります。剣道では10の基本動作から成り、子どもから最高段位の達人まで全く同じ動作を重んじ磨き続けます。ある空手の形を見て感動しことがあります。その人には手足がなく、肩からいきなり手のひら、股からいきなり足先というような体型でした。どのようにやるのか想像がつきませんでしたが、実際に見るとその形は完璧でした。さらに、二人以上の相手のいる演舞も見ましたが、明らかに相手は打ちのめされていました。目に見えない手のようなものが打撃を与えているようにも見えます。直接手で打つだけが打撃ではないのです。一般の方からすると不思議な感じがするかもしれませんが、百聞は一見に如かず、実際に見るとよく理解できます。相手の動き、スピードや力を利用して繰り出される技。自分の手足だけで相手を負かしているのではないということがわかります。この全体の流れるような様《さま》を見ると、まさに相互でひとつの立ち合いが成り立っているのがわかります。

これは社会の関わりにも言えることで、私は介護や看護の現場にも同じものを見たのです。相手に欠けているものがあり、それを私の手足で支援しているというものではなく、支え合って成り立っているひとつのものです。だから介護現場の支援とは、介護される人だけを支援するのでなく、介護する人も支援しなければいけない。そしてケアラー支援もその時の介護者だけを見るのではなく、ケアラーの人生など、より全体的な観点から見なければいけないと思うようになりました。

第三節　禅と共生社会

境界だらけの社会と、境界がない座禅

小さな子どもを見ていると、なんでも触りたがり、口に入れたがります。親はそんな汚いものを口に入れないでほしいと困ってしまうことがよくあります。しかしこの行為は、自分を構成するものを明らかにする作業、すなわち自分と他とを区別するための行為だと言われます。いわば独立運動です。赤ちゃんは母親の体から離れようとしませんが、１歳くらいまでは母親の体を自分の体の延長だと思っているそうです。母親と自分の境界線が曖昧《あいまい》なのです。大人になるとは、対象と自分を分断し、境界をさらにはっきりさせていく。それは自分という概念をつくっていることになります。

ところで座禅は何をしているかというと、逆にその境界線を曖昧にする作業です。修行中のある日、勉強していたら「やめなさい」と注意され、驚いたことを思い出し

ます。修行とは一体なにをしているのか。一言でいえば自分をなくすことです。だから修行中は自分のやりたいと思っているものは全部排除されます。酒、たばこはもちろん、読書や日記などもだめなのです。自分はこれから何をする、あれが楽しみだ、あそこに行きたい、そういう自分の考えをなくす訓練をする。いわば座禅は自分という視界をなくす場です。自分と他との境界をなくし、世界全体と一体となるのが座禅なのです。

世界をひらく

政治をやっていると「未来のために」とよく政策などで掲げられますが、座禅に未来はありません。まったくの一体だからです。未来ばかり見据えるのでなく、今を感じこの瞬間を見つめることがもっとも大切ということです。とかく現代は未来のことに気を取られすぎる。また過去、現在、未来の区別をしすぎる。座禅の時の最初の指導は「この後のことを考えるな」です。

座禅はまず視覚を遮断します。目をつむるわけでもない。完全に目をつむってしまうと、かえって雑念が出てくると言われています。視覚をはじめとする情報収集を遮断している状態は、目的がなくてもとりあえずタッチしてしまう、普段のスマホ行為の真逆と言えるでしょう。

見えない人は転ばないと言われます。視覚情報がたくさんあることでかえって注意力が散漫になり足元が見えなくなる。視界が狭いのは健常者の方なのかもしれません。いま私たちは見すぎてしまっている。目を閉じれば、世界はもっと広がるでしょう。

実は私たちは何もしていない

座禅をしていると、私たちは自然の中の懐に抱かれているだけだと感じます。

座禅には3つのコツがあります。一つ目は姿勢を整えることです。バランスよく疲れない姿勢を取ることが基本です。二つ目は呼吸を整えることです。理屈でなくより深く呼吸することは心を落ち着かせることができます。むしろ日頃がいかに浅い呼吸をしているのかがわかります。緊張やストレスの中で生活をしているということでしょう。三つ目が心を整えることです。いわゆる雑念を取り除くことですが、これにもコツがあります。それは、自分の呼吸を意識することです。空気をゆっくりと吸い込み体中に酸素が行き渡ることを全身でイメージしながら感じるのです。あまりにも基本的な呼吸ですが、とても心地よく、有難い幸せを実感するものです。そしてここで気づくのが、呼吸は自分の意思ではないということです。息を止めようと思ってもできるものではありません。まさに生かされていることを痛感します。世界との一体感を実感するのが座禅なのです。

子どもを見ていると、私たち大人が子どもを育て、教育しているのはほんの一部分にすぎないと感じます。子育て・教育が大切だと言われますが、全体から見れば実は私たちは何も教えていないに等しい。植物が育つのも、子どもが様々なことを憶えていくのも、体が成長していくのも、みんな個の意思や周りの努力ではありません。私たちが自力でやろうとしていることは、全体からすれば限りなく枝葉末節なことにも思えるのです。

自立とは依存

ケアラー支援条例を作っているときに最も感じたことは、介護や看護が重く辛いものとなってしまっているということです。その重さに絶え続けながらも、もう限界という現場の悲鳴が、条例制定の原動力でもありました。

日本はこれから、どの国も経験したことがないような超高齢化社会に突入します。社会の高齢者が増えるということは、障害者が増えるということでもあります。

現在の障害児者の推計は、複数の障害をもつ方がいらっしゃるので難しいのですが、『令和元年度障害者白書』によれば、全国（埼玉県単独では把握できていません）で、身体障害者４３６万人、知的障害者１０８・２万人、精神障害者４１９・３万人をあわせると障害者の総数は９６３・５万人、人口の約７・６％にもなります。うち、施設入所・入院は、身体障害者１・７％、知的障害者７・２％、精神障害者11・１％と、在宅介護がほとんどの割合を占めています。私は様々な障害をもった人と、ひとつの社会をつくり上げていく時代にしなければいけないと思います。

健常者は障害者を「目が見えない」「歩くことができない」「聞こえない」「〇〇ができない」のでそれを支えている、支援していると考えてしまう。しかし実際は、見える人が見えない人を導くだけでなく、見えない人が見える人を導いているということでもあります。視覚的には一見支えているように見えるかもしれない。しかしその場全体を見ると、明らかに双方で一つの場が成り立っている。私が支えているというのは、その人の思い込みでしかない。では対等か、というとそういうわけでもありません。関係は固定化しておらず、常に揺れ動く関係にあります。また、長い人生の視野で見てみると、赤ちゃんの時は誰もが支援され、心身ともに丈夫な時は他人を支え、また病気や高齢になった時はまた支えられる側になる。ただ明らかなのは、双方で一つの関係が成り立っているということです。

私たちの従来の視点ではどうしても見えにくい。それを見えやすくするために、社会全体に視野を広げると、私は障害者の方に本当に活躍してもらえる場をつくろうと思いました。さらに言えば、障害者に支えてもらう社会をつくろうと思うのです。

「ない」という考えをなくす

よく障害者を「障碍者」と表記を変えることがありますが、これは問題の本質をぼやかしているように思えます。その配慮の背後にあるのは、障害は個人にあるという前提に立っているからです。すなわち、見えないことが、聞こえないことが障害であると。

しかし最近では、障害とは社会環境が生み出しているものと認識されつつあります。

まさに「支援する・支援される」という関係から、「相互に共生する」という視点です。そして、違いをなくそうとするのではなく、様々な違いを生かして楽しめればいいいと思います。それは、見えない・聞こえないの「ない」という考えをなくすことです。

一隅を照らすこと

禅では、掃除や食事の準備などの作務《さむ》を座禅と同様に大切にします。このことは、現代の私たちにとって、農や介護や先祖供養を大切にすることと同じです。ディナーにたとえれば、メインデッシュばかり食べていると飽きる、さらには肥満になり体調を壊すように、偏りなく食べることが美味しくし、偏りなく生きることが人生をより楽しくすると思います。

私の座右の銘であり、天台宗の開祖である伝教大師最澄の言葉に「一隅を照らす」というものがあります。これは、遍《あまね》く照らすということで、中心も隅っこも平等に観ること。世界の物事をより全体的に観て、一体的に生きることです。即ち、生老病死や喜怒哀楽の全体に携わることは、人生の本当の幸せに触れるということです。

誰もが安心して生きられる社会にするには

ある主婦から「誰もが介護をする社会、と言われるとぞっとする」と言われたことがありました。これは日本が介護を家族や女性がやるものだとしてきたことが原因だと思います。それにより辛く重い介護イメージになりました。だからこそ、過度な負担のない、安心して介護ができる社会にしたいと思いました。

私自身もとても不安ですが、両親の介護はできるだけ自分がやりたいと思っています。しかし、ここで強調しておきたいのは、「家族ありきではない」ということです。私は昭和的な日本の家族像が好きですが、日本の「家族」は大きく変化しました。日本の世帯人数の平均は2・1人（東京は1・9人）です。一緒に住んでいない、生活スタイルや格差も多様化している中で、一括りに家族を語れなくなりました。私は、一昔前の日本の家族で育んできたものは何だったのか、さらにそれを残すためにはこれまでの家族というものの固定観念から離れなければいけないとも感じました。

本当に大切なものは家族そのものではなく、家族を通じて育んできたものです。それは、共同体意識であり、共生の精神です。血のつながりは確かに強いですが、そこに本質はない。

これを守るために、変わらないために変わる。家族で育んできたものを、どのように守り築いていくか社会全体で見出していくことが必要です。

社会全体とは何か

日本の家族像を見ていると、確かに家族内の結びつきも強かったですが、その周りの村、地域、社会のつながりも強かった。さらに自然とも神とも一体だった。少し前までは、ゴミの不法投棄には、罰金の看板より、簡単な鳥居を立てておくほうがより効果があるということが言われていました。なんだかよくわからないけれどバチが当たるのではないかという感覚です。これまで科学的・効率的に進めてきたつもりの近代化ですが、社会課題は解決されず、世界は分けても分からないことがわかってきました。もう一度この一体感を蘇らせることが、介護や農業や子育て教育の一つ一つの課題解決につながり、引いては社会全体の幸せにつながると思うのです。一言で言えば、世界をひとつにするということです。自分が世の中の一部になり、同時に全体になる感覚です。

第２章　政治とは何か

第一節　仏の子

お坊さんの修行

第一章では、支援条例を通じて「本当の共生社会をつくる」ことを申し上げてきましたが、この章では政治という観点から話をしていきたいと思います。まず、私が政治の世界に飛び込んだ経緯からお話しておきます。

最初の政治との接点は、19歳の頃にさかのぼります。

私は埼玉県幸手市にある真言宗のお寺に生まれました。埼玉県の中の一番の東のはずれにあるのが幸手市。現在の国道4号にあたる日光街道で知られる町ですが、私の地域はその幸手市の中のさらに東の果て。すぐ近くには江戸川が流れ、茨城県五霞町、千葉県野田市（旧関宿町）の県境に位置します。川沿いで県境となるので宿場町として栄えた関宿という名が残る地域です。文化圏としては、江戸時代は老中も輩出した

真言宗豊山派正福院

関宿藩。当時、お殿様が参勤交代で使われた道がお寺の目の前を走っています。私のお寺は、その道中の安全を願う祈願寺であったと言われています。

私はお寺の16代目の跡継ぎ息子として昭和49年（1974年）に生まれ、まさに何不自由なく豊かに平和に育った世代です。子どもの頃に流行ったものと言えば、ガンプラ（アニメ「ガンダム」のプラモデル）、キン消し（キン肉マン消しゴム）、テレビゲームのファミリーコンピュータいわゆるファミコンがちょうど小学1年生の時に発売され、ドラクエ、マリオのど真ん中の世代です。小・中・高校と地元で過ごし、お寺の長男である私は仏教系大学で東京豊島区にある大正大学の門をくぐります。前身が大正時代に開かれたお坊さんの専修学校ということもあり、お寺の徒弟が全校生徒の2割を占める大学でした。入学すると、仏教学科の生徒たちは特殊な寮に入ります。私のときは3か月という短い期間でしたが、そこでお坊さんとしての所作法を教わります。さらに1年目が重要で、様々な修行や儀式、研修などが目白押しで、一気にお坊さんになる階段を駆け上がります。逆に2年目からは非常に緩い学生生活でした。

お坊さんのいじめ

特に大変なのは3か月のお坊さんの寮生活を終えるとすぐにやってくる加行《けぎょう》。いわゆるお坊さんの山籠もり修行です。私は真言宗豊山派《ぶざんは》に属しましたので、総本山は奈良県の桜井市にある長谷寺《はせでら》という所です。そこで40日間の修行が第一関門となっています。この山籠もり修行でいろいろなものが見えてきました。

午前4時起床で読書も日記もダメな生活。時々インターン学生から「何のために修行するのですか?」と質問されることがありますが、一言で言えば「私」から離れることです。実際に修行の環境に身を置くと「私」でない不思議な経験や感覚が湧いてくるのです。

一方で、若いお坊さん同士のトラブルもありました。修行という集団生活のストレスからいじめもありました。夜中に逃げ出そうとする仲間を何度か止めたことがありました。「こんなことで逃げ帰って親に会わせる顔ないだろ！　もう少し頑張ろう！」そんなやりとりが懐かしく思い出されます。

はじめて人に手を合わす

入山（修行に入ること）した時のことです。門の手前でタクシーから降りた高僧が、去り行くタクシーに向かって手を合わせている光景を見ました。こんなことにも手を合わせるものなのかと感心しながらも、それほど気にも留めず門をくぐるわけですが、40日間の修行が終わり門を出る時には山に向かって手を合わせていました。

修行を始めて10日くらい経ち、大分生活に慣れてきたときのことです。修行の中でも当番というものがありました。初めての当番日だったので、皆よりさらに早めの3時半に起き、まずは井戸の水汲みに行きました。夏場でもまだ暗くその日はかなり雨が降っていて視界が悪かったのを憶えています。しかもその井戸は修行道場からかなり離れていて細い山道を一人で汲みにいかなければならない上、そこには幽霊が出るという噂までありました。さすがのお坊さんの卵もそのシチュエーションはかなり怖い。なるべく周りを見ずに思わず小走りになるのでした。やっとの思いで汲んだ水を道場の近くまで運んだその時、誰もいないはずの暗い修行道場の前に人影らしきものが見えるのです。出た！　とうとう見てしまった、霊感なんて今までなかったのにと心臓をバクバクさせていると、おかしなことに気づきました。その幽霊は傘をさしているのです。よく見ると阿闍梨《あじゃり》様でした。いわゆる本山の中でも高僧にあたる人で、私たち修行僧の監督役よりもさらに上の僧なので普段は話すことがないほどの人。しかし若い修行僧のために

修行をした真言宗豊山派・総本山長谷寺

修行の無事を祈念し、毎朝修行が始まる前に祈ってくださっていたのです。私たち若い修行僧はそれまで誰も知りませんでした。感謝されることも誰に見られることも関係なく、誰もいない修行道場に向かってただ手を合わす阿闍梨様の姿に思わず手を合わせました。人に対して初めて心から手を合わせた瞬間でした。

修行の細かい話は別の機会にすると致しまして、無事に修行を終えた私は、総本山長谷寺から歩いて埼玉県の実家に帰る計画を立てます。

東海道行脚　17日間の野宿生活

修行がなんとか無事に終わると、他の修行仲間は家族が迎えに来たり、中には彼女が迎えに来ている人もいましたが、私は山の中へと歩き始めました。この一歩から17日間の野宿生活での様々な人と出会い、世の中に関心を持ち始めるわけです。これが政治家への原点であり芽生えだったと思います。

道中で一枚だけ写真を撮ってもらいました。歩き出して1週間も経っていない頃だと思います。修行により絞られた顔は真っ黒になっていて、精悍にも見えるがどこか不安が顔ににじみ出ています。

当時、まともな計画もなく、とりあえず地図とコンパスを持って、山の中を直線で突き進んで行くという無謀なものでした。通過する県のすべての全県地図を買い、無計画で夢と希望に満ちた旅の始まりです。用意していた登山靴と登山用のリュックを背負い山中に突っ込んでいきましたが、すぐに足にマメができました。主要な道を歩いたほうが効率的で安全なことを痛感し、道路に戻ることにしました。修行直後ということもあり覚醒されていたのか、毎日野宿で過ごせました。テントも持っていませんでしたが意外と野宿できるところはたくさんあります。当時は、スマホはもちろん携帯電話もありませんでしたが、少しも寂しくも怖くもありませんでした。むしろ自然や自分と向き合いながらの摩訶不思議な旅でした。数日経つと、ひたすら野宿の旅であったため、それまで辛いと感じていた修行も、仲間がいたり食事や布団があったりと本山に守られていたという有難さを感じました。真夏の虫の騒ぐ中、橋の下、学校のプールの下、消防署、公園の隅などで寝泊まりし、夜や雨をしのぎながら進みました。

修行時代

当時確か1万円くらいは持っていたと思いますが、あとは替えのTシャツとパンツと寝袋、それ以外は持っているものはありませんでした。

途中幾人もの人と出会いました。同じようなことをしている人もいました。同じく野宿をしている大学生がいましたが、彼はやたらと護身用の武器などを装備していました。野良犬や動物たちと遭遇した時のためだと言う姿を見て、よほど怖がりなのだなと思いました。山の峠で寝たときがありましたが、真夏でも朝方は凍えるほど体が冷え切ってしまい初めて命の危険を感じました。若いとはいえ日に日に体力が落ちていくのがわかりました。孤独を感じ涙も出てきました。ラーメン屋のマスターから頂いた「2個のゆで卵」がうれしく、いまだに忘れられません。持っているものは何もありませんでしたが様々なものを頂いていくのです。

同じような年ごろで東海道を一輪車で走る青年がいました。彼にはマスコミが同行し、行く先々で差し入れまでもらっているのを見てうらやましく思えました。

何日か経つと足のマメが痛み出し、やがて激痛が走るようになりました。真夏の8月中旬の炎天下です。10代の子が足を引きずりながら歩いているわけですから、いろんな人が助けてくれます。様々なやさしさに触れ合います。ある町の靴屋のお兄さんは足のマメの治療までしてくれました。風呂にも入っていませんでしたからそうとう匂ったはずです。30年近く経ってしまいましたが、いつかまた行って御礼を言うことを楽しみにしています。

またホームレスの人にもお世話になりました。あれは愛知県の岡崎城公園のベンチでした。ここで寝袋を引いて泊まろうと思ったら、初老の男の人からここはだめだ！　あっちに行けと言われました。いわゆる縄張りです。よくわからないまま「すいません」と謝っていると、見かねた別のホームレスの人が「うちに泊まっていいぞ」。もちろん一戸建てでなく隣のベンチです。よくわからないまま「ありがとうございます」と御礼を言いました。とてもいい人で色々と人生相談にのってもらったことを憶えています。夜中にふと「この人たちは公園を自分の寝床にしているけど税金払ってないよな？」と、10代ながらに思いました。

宗教のやさしさ

関ヶ原に差しかかった時、激しい嵐に襲われました。もう日も暮れていたのでおそらく夜7時は過ぎていたと思います。そんな時、人里離れた道沿いにお寺がありました。助かったという思いで「私もお寺の者で修行の帰り道であり、雨宿りだけでもさせてほしい」とお願いしたのです。しかしそれを対応したお寺の奥さんは、「うちは宿坊はやっていないから駄目だ」と断りました。確かに見ず知らずの人を境内に入れるのは心配かもしれませんが、当時19歳の私は、助けを求めたのに断られたことがとてもショックでした。

そんなときに快く世話をしてくれたのがある新興宗教の人たちでした。私は熱中症にならないために昼間に時々日陰で休む時間をとっていました。道端の木陰で休んでいると、たまたま教会の近くであったらしく、「こちらで休んでいってくださいな」と年配のご婦人がやさしく声をかけてくれました。食事までご馳走になり、なんと昼寝もさせてもらいました。まさに身も心も元気を回復して出発したとき、明らかに新興宗教に対する見方が変わりました。

お坊さんが心洗われる場所

信じられないかもしれませんが、お坊さんも新興宗教にすがる時があります。既成仏教の僧侶が新興宗教に教わることが多く、歴史こそありませんが伽藍の大きさや信徒の真剣な信心においてはかないません。

私たちの総本山も半分は観光地になっています。現在のお坊さんの実態を暴露するつもりはありませんが、今のお坊さんは一般の方々と何ら生活はかわりません。むしろ贅沢と安定があるかもしれません。ただし宗派の中には、千日回峰行や断食行をしている人はいますし、尊敬する若い布教師や、慈善事業に懸命に取り組む僧が宗派を引っ張っています。

そのような中で、近隣のある新興宗教の総本山に先輩僧侶に連れて行ってもらったことがあります。本当の信心を持つ人が集う空間はとても新鮮でした。膝にサポーターをしながら若い女の子が黙々と廊下を拭き、定時に祈り出す信仰の姿が脳裏に残っています。信仰とは何かについて考えました。

人間愛

富士山の見える橋のたもとの電話ボックスで母の声を聞いたときは涙があふれてきました。いま子育て中なのでなおさら思いますが、こんなやんちゃな行動をする息子を許してくれる両親に感謝したいです。

また知っている人のお寺に行くと本当によくしてもらいました。温かい風呂、寝るまで一緒にいてくれる友人、本当に有難く最後までやり遂げる力をもらいました。朝出発の前に、ご住職と一緒にお唱えをし、仏について心を込めて教えてくださったのを憶えています。私もこんな人になりたいと思いました。その時に書いていただいた書が「仏心」。いまだに部屋に飾っていますが、何度も目に入るたびに思い出され励まされています。仏心とはすべてにあるもの、みんなにあるもの。頭で考えるとむずかしく思えますが、その時はすっと入ってきました。こうしたことは一生忘れません。子どもの頃、若い頃の感謝の気持ちは生涯ありつづけるのではないかと思います。

「私がなんとかしなければ！」

様々な見知らぬ人たちとふれあい、守られてお寺に着きました。当時お祖母ちゃんは涙を流して迎え、真っ黒になった私の顔と頭を撫でまわして離しませんでした。本堂でいろいろとお祖母ちゃんから聞かれたことを憶えています。お世話になった人たちのことをいろいろと話しながら、家族愛と社会愛を感じるのです。

しかしその直後の出来事は、あまりにもショックな事件でした。私の地域で小さな赤ちゃんを病院のたらい回しで死なせてしまうという事件が起きたのです。世間では、子どもたちのために、将来のために、未来の笑顔のためにと言いながら0歳の赤ちゃんの命を救うことができない社会に対し不信感をもちました。親はどんな思いで救急車の中で受け入れ先を待ったことだろうと想像しました。純粋な正義感だったと思います。「自分がなんとかしなければ！」と思ったのです。

人生の激震　阪神淡路大震災

この数か月後に阪神淡路大震災が起きました。少し前まで修行で過ごしていた場所が地震で崩壊している様子がテレビの画面から流れると言葉を失いました。仏教は関西、特に京都、奈良を中心に本山をはじめとする拠点があります。特に真言宗は開祖である弘法大師空海のお遍路四国八十八か所巡礼にあるように西国が聖地です。当時、私は宗派の学生リーダーをしていたこともあり、すぐにボランティア活動に取り組み始めます。倒壊した建物と避難所とを自衛隊が行き来する、人生で初めての信じがたい光景の中でひたすら被災地支援に取り組みました。ビルが本堂に倒れこんだお寺で炊き出しをし、子どもたちと夢中になって遊び過ごしました。学生のど真ん中でこの震災と支援活動と出会ったことは私の人生に大きな影響を与えました。

仏の子

高校まで普通の学校生活を過ごしていた私は、仏教系の大学に行くことで行動範囲が一気に広がりました。普通に自宅から通う高校生から、総本山での山籠もり修行から始まり、阪神淡路大震災のボランティア活動を皮切りに、海外のボランティア活動などに繰り出していき、数えると16か国、南米以外のすべての大陸を旅しました。当時NGO（非政府組織）活動が盛り上がっていた時期で、他の大学の学生たちと寝食を共にしながら活動したくさん語らいました。世界で困っている人々を救わなければいけないという想いで、海外で活動する若者はみんなエネルギーに溢れて輝いて見えました。そこで出会う多国籍の人々、冒険のような体験の連続、汗と涙の青春でした。

当時、内紛により混乱しきっていたカンボジアで学校建設事業の発起人メンバーとして取り組みました。発展途上国と言われていた国で見たものは衝撃でした。特に、袈裟《けさ》をつけたお坊さんはタクシーが無料でした。物がない国ではありましたが、私たちにはない何かがあると感じました。またフィリピンには、ルソン島にあるピナツボ火山が噴火し難民となった原住民を助けに行きました。わざわざ日本から井戸堀りや養豚など、自立生活への手助けをしにいったのです。日本海でロシアタンカー（ナホトカ号）が座礁すれば重油回収へ、中東へはパレスチナ難民を支援するためにイスラエルにも行きました。エルサレムの旧市街で同年代の女性兵士が機関銃を持っている姿にショックを受けました。赤茶けた砂漠とコーランが鳴り響く様子はまさに異文化でした。20歳前後で世界中を回り、様々なものを見てきました。

第二節　剛腕の書生

躍動する政治

そのような中で日本では長年続いていた自民党政権が戦後初めて崩壊するという状況が起こっていました。その刺激的な報道は10代の私の関心を引き寄せました。巨大な自民党が分裂し、新生党や新進党などの新党ブームの先駆けの頃で、当時50代の剛腕小沢一郎代議士がオーラを放ちながら国会を闊歩していました。当時のＳＰさんが「最も風圧を感じる政治家」と言っていたのを思い出します。確かに秘書としてエレベーターに同行したときは、一緒に居合わせた他の議員たちが避けるような雰囲気がありました。

政治との接点

最初に政治活動に関わったのは学生の頃、ある東京都議のポスター貼りのバイトからでした。政治や社会に関心を持ち始めた私は、その政党の理念や政策よりは政治と直接関わっている充実感で一生懸命に手伝いました。

ある日、議員になりたいと言う20代後半の男性と出会います。体に障害を持つその青年は当時臨時の区役所職員で区議会議員選挙に立候補するため準備を進めていました。障害のため体がひと際小さい方でしたが、気はとても強くユーモアのある人でした。そこで私は学生ながら事務局長として、政治活動から選挙までのすべてをとり仕切ることになります。とは言っても他にスタッフがいるわけではなく、その青年家族と仲のいい友人数名のみで、バイト代もなく授業以外は朝から晩まで夢中になって活動していました。様々な出会いと政治に関われることで充実した毎日でしたが、人生最初に関わった選挙戦は、20代の若者たちで必死になって挑みましたが、惜しくも次点で落選してしまいました。

その後、なぜ青年候補者は負けたのか色々考えました。支援団体、後援会、選挙戦略、本人の性格、選挙とは何か、政治とは何かと真剣に向き合い始めることとなりました。

書生時代

「新しい書生さんだね」。門番の警察官から言われたのを憶えています。緊張の中、一着のスーツと布団をもって住み込み制の小沢一郎代議士事務所に入りました。それまで「書生」という言葉すら知りませんでした。新しい人たちとの住み込みでの生活。あの緊張感は何とも言えないものでした。その年は４人の新入書生がいました。みな自分と比べるととても優秀な学歴と経歴の持ち主でした。それぞれ４畳半の部屋が与えられ、学生の合宿所のような生活がスタートしました。小沢事務所は厳しい上下関係があり、寝なくても働く、自分の時間などない、親分には絶対の忠誠を叩き込まれます。一方で、私のような特に際立った取柄もない若造を雇う自由な気風もありました。基本的に実力主義の事務所で、筆頭秘書が高卒の時もありました。また、先輩が後輩の面倒をとことん見るという、今の時代にはなかなかない体育会系で人情深い事務所でした。

住み込み5年6か月

代議士宅には刑務所のような高い塀があり、さらにその上の有刺鉄線には電流が流れていました。広い小沢邸内にある書生棟は、ＳＰさんやマスコミの方も出入りする合宿所のような雰囲気でした。その他にも敷地内には母屋、新居、事務所棟があり、目白の田中角栄邸を彷彿とさせる大きな池もありました。おそらく50匹はいたであろうコイ、書生の部屋より大きな鳥小屋、人工の滝が流れ、清流に生息するオイカワやサワガニもいました。年に一度の池の大掃除は若手秘書総出の大仕事でした。

すぐ上の先輩秘書からニヤリと「おまえは36番目だ」と言われたのを憶えています。実際にはもう少し少なかったと思うのですが、歴代の秘書でなくその時の秘書だけで確かに20人以上いたと思います。入所して三日目に初めて代議士と会いました。酔って帰ってきて、先輩秘書が腕を支えているのが印象的でしたが、とにかく緊張したのを憶えています。「自分の名前だけ言え！　よけいなことはしゃべるな！」とすぐ上の先輩から指導をもらっていました。自分の名前の練習をしたのは小学生の時以来だと思います。１か月経って「おい！　池田！」と言われたときは大変ショックでした。

代議士は、当時学生でも持っていた携帯を持ちませんでした。時計はしていましたが「いま何時だ？」とよく聞かれたものでした。さらに国会議員でしたが、めったに国会議事堂に行くことはなく、党本部かプライベート事務所にいることがほとんどでした。朝8時を過ぎる頃になると毎日自宅に電話がきました。二十歳そこそこで総理からの電話に出るのは緊張しました。いつだったか時の総理からの電話が来た時、代議士はトイレに入っていました。しかも住み込みなので、それが大なのか小なのかは察することができます。総理には「今出られません」と伝えてしまいました。総理は「ではまたかけるから」と言って電話を切ったのですが、それっきり一向にかかってきません。すると代議士は「ちゃんと電話がでれない理由をいったのか！　総理とは話したくないとおもわれるだろーが！」と叱られました。次回からトイレや風呂まで電話を持って行くか、「今、長い方の用を足しております」とかなり正確に伝えるようにしました。

そのような緊張した状況ですので、入所したばかりの書生たちは朝の電話に出たがりませんでした。まさに「触らぬ神に祟りなし」です。私の一つ下の後輩が、電話が鳴ると逃げるように外に飛び出していく姿をよく見たものでした。大袈裟かもしれませんが、このプレッシャーに耐えられない学生上がりの書生は、結局1年待たずに辞めていきます。

また、途中で退職するのも大変でした。事務所には、議員になるための修業で来ている人が多かったので、退職の理由も人によりけり。ただしその認可をもらうのがとても苦労します。まずはすぐ上の先輩の了承をもらうこと。しかしこれが意外と難しい。その先輩がまた一番の下っ端になるかもしれないわけですから当然先輩も必死に止める。それでもなんとか理解してもらっても、中堅の若頭的存在の秘書に了承を得るのがこれまた難しい。やはり退職者が出るというのはあまりいいことではありません。お願いしてもなかなか了承はもらえない。一度ゆっくり話そうということで相当の月日を待たされる。よしんばそれがうまくいっても、ここからがさらに難関で筆頭秘書の了解がさらに難しい。まず30人近くも秘書がいると事務所の中で派閥らしきものもできましたし、筆頭秘書は雲の上の存在で同じ秘書でも天と地の差です。なかなか会って話すことはできません。最後の代議士に言う頃には、状況がだいぶ変わっている。例えば、別の秘書が不祥事を起こし首になっていたり、選挙で忙しくなったりと、結局私の場合は2年以上かかりました。

散歩

毎日5時半に代議士を起こします。ふすま越しに「先生、朝でございます」と江戸時代のお殿様のように声をかけると、必ず天気を聞かれ、それに答えながらその後、雨戸をゆっくり静かに開けます。朝6時になると、書生とSPさんと代議士の3人、プラス犬1匹で散歩に出かけました。犬は小さな柴犬でしたが態度はとてもでっかい犬でした。一家の中の書生の立場を見抜いていたのでしょう。代議士に対してペコペコしているのは犬でもわかるのでしょう。書生や下っ端の秘書はよく噛まれ、怪我こそしませんでしたが、たまにズボンに穴をあけられていました。通路ですれ違う時も避けるのは私たちの方でした。明らかに私たちを下に見ているのです。それでも代議士の前では礼儀正しい忠犬なのです。

SPさんは大変でした。拳銃の関係で警視庁に寄ってから小沢邸に来ていたので早朝から本当にお疲れだったと思います。そのほか毎朝マスコミの人たちが代議士を待っていました。あまり記者とのコミュニケーションを取る人ではなかったので、この散歩の時間が貴重だったのです。6時前になると自宅の塀の外で待っています。記者と合わせ総勢10人近い人に囲まれながらぞろぞろ歩くのですから目立つというか異様な光景でもありました。それでいて代議士本人はまさに仏頂面で、全くと言っていいほどしゃべりませんでした。しかし散歩されている住民から声をかけられるとニッコリと「おはようございます」と返す姿が印象的でした。

30分ほど歩き帰ってくると朝食の準備です。奥様の陣頭指揮の下、他の書生が手伝います。とても健康的で美味しい朝食でした。代議士の趣味で、烏骨鶏《うこっけい》やウズラや文鳥などたくさんの鳥たちを飼っていました。その餌をそろえておくのも書生の大切な仕事です。

また、夫人から学んだことは大変多かったです。私たちにはとてもやさしくも厳しいお母さんのような存在でした。若い書生同士で住み込んでいますので、たまに夜更かしをして二日酔いになる。私は泥酔して玄関で寝ているのを見つかり朝怒られましたが、それじゃ朝食は食べられる状態でないでしょうと、特別にお粥を作ってもらったのを思い出します。また住み込んで最初に感動したのは、守衛の警察官の方に2時間おきにお茶と茶菓子を出すことでした。さらに驚いたのは、地元の大きな選挙区の中で結婚や出産などのお祝い事には手作りの切り絵のようなお手紙を送っていることでした。書生も宛名書きなどのお手伝いをしましたが、その労力、何よりも地元に対する想いは大変なものであったと感じました。

健康な政治家

政治家に求められる一番大切なことは判断力だと思います。そのために大切なことは、理想的な判断ができるように日頃からコンディションを整えていること。その点、小沢代議士は常に健康的でした。大物政治家、良くも悪くも存在感のある政治家というのは、豪快でまさに酒豪のイメージがありますが、実は規則正しい生活をして、心身ともにトレーニングを怠らず鍛えている人が活躍していた印象です。代議士は生活習慣が細かく決まっていましたので、大体どこで何をしているのか秘書は聞かずともわかりました。お酒の量から食べるものまですべてがルーティンになっているのです。

総理大臣が自宅で過ごすべきか公邸で過ごすべきかを野党が問いただすときがありますが、肝心なことは判断を間違えないクリアな精神状態、すなわち健康的な生活環境にすることがもっとも責任ある人に必要なことだと思いました。

四国より広い岩手

入所から1年半が経つ頃にやっと名刺が許されました。これをもって選挙区である岩手県に入ることとなります。わくわくしながらの選挙区入りでしたが、そこでの仕事はひたすらポスター貼りでした。正確に言うと「広報版」というものを1，500か所設置する作業です。すでに250か所設置した前任の先輩から作業工程を引き継ぎ、良い場所を探して許可を頂ければ設置するということの繰り返し。この単純なように見える仕事ですが、そう簡単にはいきません。不在であったり、反小沢派であったり、また曖昧な返答で結局設置できないケースなど、営業の大変さを身にしみて感じました。それもそうです、よく岩手県は小沢王国と言われていましたが、それでも他党支持の人はいますし、地元ならではのしがらみもあります。さらにあの威圧感のある代議士のアップの顔写真が門前に広報版と共に釘で打ち付けられるわけです。景観的にも抵抗があったかと思います。ですがおかげさまですべて設置することができました。

また、大自然にかこまれた岩手県の冬は極寒の地です。生まれてはじめての地吹雪や、豪雪で遭難しそうにもなりました。狩猟も盛んで、よく鹿の肉をご馳走になりました。冬場に頂く鹿の鍋と刺身はとても美味でした。髭面で真っ黒な狩人は、大酒のみで気性も荒い山男でしたが、とてもかわいがってもらいました。東北の山間地帯では真冬に「蘇民祭《そみんさい》」という裸祭りがありました。日本酒をかっくらって雪の中ふんどし一つで蘇民袋争奪戦を行う。その袋を手にした者には1年の幸せが約束されるという祭事で私も参加したことがありました。祭りに出る男たちは村人から酒と応援をもらい見守られながら段々と山道を進んでいきます。村の人々とあそこまで一体感を感じたことはありません。その昔は1か月前から肉食を絶ち、最後は断食に近い形で清めて行う神聖なものでした。ですがちょうどその当時、蘇民祭のポスターのふんどし姿がセクハラだと全国ワイドショーで取り上げられたことで、全国から観光客が押し寄せ、岩手の山奥の集落の祭りでふんどし姿を全国にさらされることになりました。

地元の小沢事務所は、岩手県奥州市（旧水沢市）の市街地にあり事務所の中での住み込みでした。建築は昭和初期の屋敷で先代の小沢佐重喜元建設大臣が建てたものでした。吉田茂の側近の一人であった先代の遺物が残る貴重な屋敷でしたが、隙間風がものすごく真冬は大変苦労しました。当時は住み込みのおばあちゃんがいて食事や掃除をしてくれました。本当かどうかわかりませんが、あの戦前の総理大臣である高橋是清翁の選挙を手伝ったことがあると言われていました。真夏は関東と変わりなく暑かったのですが、八幡平や葛巻など高原はとても涼しく、その快適さは関東平野育ちの私には経験したことのないものでした。

岩手県では各所でダムを作っていました。ダムの竣工式には代議士の代理として出席しましたが、そのスケールは圧巻でした。選挙の時となると、それに関係するゼネコンの男性陣が突如として現れました。まるで軍隊を思わせる統率で、ポスター貼り、チラシ配り、戸別訪問、電話作戦など、なんでもプロフェッショナルに取り組んでいただきました。むしろ入りたての秘書はゼネコンの方々に選挙を教わりました。私はそのときの選挙マニュアルをいまも大切に使っています。広い選挙事務所の中、一同で行われる朝礼は、戦の出陣そのものでした。

秘書の秘書

1年の地元事務所での修業が終わり東京事務所に戻ると、待っていた仕事は先輩秘書の運転手でした。岩手の農家の支援者の方々とのほのぼのとした仕事とは正反対でした。特に小沢事務所の筆頭秘書は普通の国会議員よりも立場が上のように見えました。当時、机を蹴り飛ばす勢いで怒鳴る姿を見て、なにが偉くてこんなに威張っているのだろうと疑問に思ったのを記憶しています。

選挙近くになると各選挙区を筆頭秘書の運転手で回り、議員相手に「そんなことじゃダメだ！」と発破をかけながら選挙の細かい指導に同行しました。この選挙指導がまさに選挙に強い小沢軍団と言われる由縁となっています。そして数年後には自分も同じことをするようになるのです。

共産党をお手本に『赤旗』方式

入所して1年と6か月が過ぎたとき、地元の小沢後援会に配布する15万部の後援会報に自分の名前が初めて載った時はとてもうれしかったです。厳しい事務所に一つ認めてもらったような達成感がありました。ちなみにすごかったのはその会報の配布方法でした。なんと15万部をすべて手渡しで配布していきます。ちなみに、現在私は約2万部の県政報告チラシを郵送や折り込みをしながら配っており、手渡しはせいぜい数千枚です。小沢事務所が手本にしていたのは、なんと共産党の『赤旗』だと先輩が教えてくれました。選挙区（当時の岩手4区）で言えば14の旧市町村に後援会があり、さらに小学校校区単位で支部が構築されています。支部には数十人からなる後援会報配布世話人がいます。１人の世話人さんが5部から多い人でも50部程度の受け持ちがあり、地域に配布する仕組みになっているのです。

1に選挙、2に選挙

事務所において教わったことはたくさんありました。最初に言い聞かされたのは「評価は他人」ということでした。政治は選挙で勝ってなんぼの世界。他人の評価にこだわれという話です。ちなみに10年ほど過ごした中で実感したのは「政治の世界、一寸先は闇」ということでした。小沢事務所の普段は「１に選挙、２に選挙、３、４がなくて5に政局」という感じです。とにかく選挙に対するこだわりは並々ならぬものでした。候補者リストを常に作成し、人材の発掘に注力していました。自分も選挙を強く意識するのは事務所での経験からです。私の場合は、幸いにして選挙が好きでしたのでとても楽しかった。選挙が近づくと武者震いがしたものでした。

代議士の選挙へのこだわりは田中角栄先生の影響だと言われていました。実は岩手県の面積は四国よりも広く、選挙区は４区に分かれていても（現在は3区に統合）、その広さはとても広大でした。私が事務所に入った時はすでに10期を超えていましたが、本人は選挙区に入らないまま無敵を誇っていました。さらにすごいのは、たくさんいる秘書たちも代議士本人の選挙をほとんどやりませんでした。他の候補への応援で張り付きで仕切るのです。ではだれが選挙をしていたかというと、後援会の人や地元の議員さんたちです。ですので代議士本人の選挙は、入所した年の1回しかやったことがありません。本人が自分の選挙で地元に来たことは一度も経験したことがありませんでした。当時、対する自民党が大臣経験者や逞しい若者を擁立しても、逆風の中でもびくともしませんでした。代議士本人も国政で常に注目され、毎週のように討論番組などのメディアに出ており、岩手の人たちもテレビでその姿を見ることができました。しかし、選挙が強かった一番の力の源泉は夫人にあったのではないかと思います。とにかく献身的に本人に代わって地元でのあいさつ回りをされていました。後援会の総会にも来ない代議士に代わり秘書と選挙区を走りまわり、夫人が田舎のおじいちゃんと剛腕政治家とをつなげていたのです。

人をつくる

先程、代議士は選挙が命だったというような表現をしましたが、選挙はまず人材です。よく選挙の情勢を分析する要素に「タマ」、いわゆる候補者の良し悪しが言われます。「あの選挙は勝てたのに惜しかったね。もう少しタマが良ければ」という感じです。代議士はこの人材にこだわりました。「発掘」だけではなく「育成」まで徹底していました。小沢政治塾を立ち上げ、富士箱根での合宿、岩手の山奥での小沢大学校（泊まり込みでの研修）などの人材育成に力を注いでいました。合宿や大学校はどんな雰囲気かというと、まさに修学旅行のような楽しい合宿でした。昼間の講義もありましたが、全国をブロックに分けての運動会があり、応援合戦や、若手から年配まで秘書から議員までが水着になり水泳大会までやっていました。夜は政治家とその卵たちの徹底討論しながらとことん飲み明かす。その中で人間関係を密接にして集団の結束まで図っていたように思えます。まさに人から集団まで作り上げていました。

また、田中角栄先生の日中国交正常化の歴史からなる日中至誠基金、日米友好のジョン万次郎財団、世界の恵まれない子どもたちを日本に呼んで学びなどの交流事業を展開するドリームプロジェクトなど、マスコミには取り上げられない地道な人材育成事業は、とても勉強になり、私自身貴重な経験をさせていただきました。いずれにしても人材育成に対する思いは相当なものでした。

ちなみに当時私は20代で代議士の運転手兼カバン持ちをしていましたので、どこへでもついていきました。いつも圧倒的なカリスマ性のある代議士の隣にいたので、なにかと尋ねられるのです。「昨日の夜は何してた？　今日は機嫌がいい？」などなど。だれと会っていたかなどの守秘義務はもちろん守りましたが、機嫌や体調くらいはお答えしましたので業界の皆さんには大変重宝されたかと思います。

自由党解党

そのような中、政党存亡の危機と言われる時期がありました。自由党分裂の時代です。政権与党である自由民主党と自由党との連立政権が解消された時、我々自由党の半分の議員は戻ってこなかったのです。いま思うとその時がもっとも私の糧となっています。当時代議士は50代でまだまだ勢いがあり、少数であるがゆえに結束し機動力を生かし、精鋭集団を意識し議員からスタッフまで全員が必死になり躍動していました。政策の立案、選挙の運営、様々なことを少数スタッフでこなさなければならなかったのでとにかく団結していたのです。結果的に5年6か月で民主党と合流することになり解党することになりました。その際に地元岩手県の後援会に事情説明のため秘書が手分けして回った時のことが思い出されます。「5年6か月の間、地元皆さんに励まされ支えられながら活動することができました。これをもって自由党は解党します。本当にありがとうございました」。岩手県の沿岸である久慈市のホールで挨拶したことを憶えています。お疲れ様！　と声援が上がった時、20代の青年には涙をこらえることができませんでした。秘書として充実した時を過ごしていたのだと思います。またこの時、自分もそろそろ地元に戻り議員になりたいという意識が芽生え始めたのでした。

3年半の全国行脚

小沢代議士の事務所は、ただ秘書が多かったわけではありません。普通の事務所にはない重要な任務がありました。特に代議士がこだわっていたのが全国の選挙対策です。普通は政党内に選挙対策委員会があり、そこの数名の職員が全国をブロックに分けて情報収集に回り候補者調整はじめ選挙対策にあたりますが、当時自由党と民主党が合併して組織が大きくなった時、代議士は自分の秘書にも別動部隊としてその任務にあたらせていました。選挙に対する強いこだわりを感じたと同時に、ある意味いかに民主党を信用していないかということもわかりました。「政治家は常在戦場」と言いますが、代議士の場合はいつ政党を離れても大丈夫な体制を取っていたということです。特に党内での関係がギクシャクしているわけでなく、党の代表や幹事長を務めているときもこのミッションは続けられました。これは、代議士が父親の後を若くして譲り受け、20代で当選し30代40代と過ごしてきた自民党での派閥活動が基礎になっていると感じました。自分と心を一つにする派閥の人間を当選させ増やし勢力を拡大することです。まさに数は力。

私は3年半にわたりこの担当につきました。全国の地方の人たちと触れ合いながら活動をしていくことはとても勉強になりました。また、これまで行ったことのない地方はとても新鮮で、山があり、海があり、人がいて、メディアがあり、文化があり、夜がある。と同時に埼玉的なモノ、自分というもの、ルーツや郷土愛が育まれたような気がしました。

有罪　陸山会事件

突然の強制調査でした。確か2時間前に電話が鳴り、私たちは何もすることができませんでした。段ボールにすると100箱近く持って行かれたと聞きました。パソコンからシュレッダーのゴミまで。ここまでやって「何もございませんでした」では許されないぞ、という怒りが事務所内に渦巻いたと同時に、秘書に対する事情聴取や拘留、逮捕という経験したことのない不安と緊張に駆られていました。同僚が次々と取り調べに呼ばれていき「おまえのことを聞かれたが、あいつはバカです。と答えておいたから大丈夫だ」と先輩が冗談半分で言ってくれたのを思い出します。そののち同期で入った秘書は逮捕、有罪、公民権停止となりました。年度がずれていればもしかしたら私の名前を収支報告書の職務代理者名に書かれていたかもしれなかったのです。運命について考えました。

当時30歳前後で生々しい国家権力を見ました。確か日比谷公会堂での党大会の時でした。代議士が検察と闘う姿勢を明確にします。それまで壊し屋、悪党の異名を持つ強い代議士が、泣きながら演説する姿をすぐ後ろで見るのはとても辛く、見ていられませんでした。基本的に代議士はとても孤独でした。自由党を民主党と合併させる時も一人で暗い部屋の中で悩み考えていた姿をよく見ていました。世間からは剛腕で図太い印象を持たれていた人ですが、その重圧と孤独感は相当なものだったと思います。

アメリカとの闘い

代議士は日米関係の話をするとき、よく興奮気味に湾岸戦争の例を出していました。当時は海部内閣、40代で自民党幹事長の職にあり、まさに飛ぶ鳥を落とす勢い。そのときのエピソード「湾岸戦争時、アメリカは4時間前まで開戦することを知らせなかった」という話で、かなり根に持っているようでした。これでは対等な同盟関係ではない、信頼関係にないと言いたかったのですが、ある意味アメリカに対しもっとも緊張感を持った政治家でした。同盟は大切だがお友達とは違うんだ、という冷静さが常にありました。

代議士は政治では喧嘩上等スタイルでした。特に会談などはまさに戦いでした。民主党幹事長だった時、アメリカの駐日大使が党本部に初めて挨拶に来る機会がありました。民主党が政権を取る前夜のことで多くのマスコミが訪れ、どんな会談になり今後どんな日米関係になるのか各社が注目し、会見場は熱気と緊張に包まれていました。

アメリカの旗をつけた大きな外国車が本部前に到着し、堂々とした大きな全権大使が党本部の小さなエレベーターに乗ります。まさに黒船のようでした。しかし、その大使が到着したことを告げても一向に席を立とうとしません。念のためもう一度到着している旨を伝えたときに気づきました。わざと待たせていると。闘いは始まっているんだと。さらに緊張したのを憶えています。この人はアメリカと勝負している。新たな関係を築こうとしていると思いました。

ただし有権者と触れ合う時は、すこぶる優しく丁寧に応じました。これは自分の選挙区に限らない。地方に行って誰だかわからないおじいちゃんに話しかけられても、おばちゃんたちにもみくちゃにされても、若者に呼びつけにされても、ぎごちない笑顔を全力で返しているようでした。東京自宅のある世田谷の近所のおじさんにだって声をかけられれば丁寧に笑顔で返す礼儀正しい人でした。とても不自然な作り笑いにも見えましたが、相手への敬意と感謝の姿勢には頭が下がりました。

地球連邦軍と仏壇

利権と談合にまみれた印象のある代議士でしたが、国連軍の創設について真剣に考えていました。世界国家の建設を題材にした漫画「沈黙の艦隊」も愛読していました。社会党系との人達とも国防や外交について熱心に協議していた時期もありました。古いタイプの政治家というイメージかもしれませんが、とても柔軟で国連軍や世界国家という理想主義的な考えを持ち真剣に考えている姿は当時とても魅力を感じました。

代議士はとても信心深い人でした。朝夕はかならずご仏壇にお線香を立て静かに手を合わせていました。どんなに酔っぱらってきても背広を脱ぎステテコ姿でしばらく位牌を前に座る後姿が思い出されます。特に山梨にある故金丸信先生のご命日の墓参りは欠かしませんでした。誰にも言わず、御当家にもお寺にも挨拶せず、私とＳＰさんだけで出かけ、そのためだけに高速道路で出かけるのです。また小沢家先祖のご命日に拝んでくれと頼まれるときがありました。袈裟までは小沢邸に持って行かなかったので、夫人が大きめの風呂敷を袈裟代わりにと貸してくれたこともありました。「あまり長くやるな」と言われ、お布施もありませんでしたが、とにかく信心深い人だなと思ったものです。

囲碁とデッキブラシ

趣味と言えば、囲碁と釣りとマージャンを愛していました。囲碁盤や碁石へのこだわりがあり、よく代わりに小売店を見に行かせ、その報告をとても楽しみにしていました。店員はこんな若造が何百万円もする碁石を買うはずがないという感じで適当に話している風でしたが、あまりにも真剣に見聞きしメモを取っているので業者の方ですか？　とよく聞かれたものです。

釣りも時間を見つけては八丈島を中心によく行きました。その時は必ず私が出勤することになっていました。その理由は魚をさばくのがうまかったからです。よく酒を飲みながら笑顔で「ほんとにお前は生臭坊主だな」と言って笑っていました。私が事務所を首にならずに続いたのもこの特技のおかげだったかもしれません。

代議士はいかにも大物政治家という存在でした。実際に飛行機をチャーターすることで新聞を賑わせたり、事務所にはヘリコプター会社のパンフレットがありました。実際に選挙の時のお金の使い方は豪快そのものでしたが、身近な生活は質素倹約そのものでした。よく憶えているのが、自宅でデッキブラシが壊れた時のこと。握りの柄の部分とブラシの先がもげた時がありました。すぐ近くに日用品雑貨店があったので、当たり前のように買いにいこうと思ったとき、代議士は呼び止めこう言いました。「なんでも買い替えればいいというものではない。消費社会で育ったお前らは知恵を使うことを知らない。トンカチと釘を持ってこい」。釘1本でものの1分で直り、それからしばらく使えたのを憶えています。

行動する人

20代で代議士になり常に政界の中心にいた人でしたが、東大、弁護士、総理、たぶん本人の夢はかなえられていないことが多い気がしました。昔の代議士のポスターのキャッチフレーズが印象的でした。「政治とは何をするかだ！」。挫折の人生だった

20代の秘書時代　国会議事堂中庭にて

からこそ、その中身にこだわり、やり残しているという想いと執念のようなパワーを感じました。

ある日、渋谷駅付近で事故渋滞している時がありました。手際悪く交通整理をしている警察を見て「よくみろ。自分たちで車動かせば渋滞なんて起きないのに棒振っているだけで何もしない。幕末のおかっぴきと同じだ」と言っていました。さっさとクラクションを鳴らして行ってしまえ、という無理な指示が出ましたが、実際に鳴らしてみると警官は避けて通してくれました。

第三節　政治とは何か

落選という勝利

小沢先生からの最後のアドバイスは「自分の足で立て」「八方美人ではダメ」でした。都内ホテルでの送別の食事会の時に直接言われたことを憶えています。常に妥協せず対立や誹謗中傷を恐れず突き進んできた代議士に言われると、なおさら身が引き締まりました。

地元に戻り、意気揚々と初挑戦に挑みました。まさに無我夢中での選挙。人生で唯一記憶のない半年かもしれません。自分の限界まで力を出し切ったときでした。選挙には落選しましたが、様々なものを得ることができました。まぎれもなく政治家としての原点であり、これほど社会や人と向き合ったことはない。まさに私の財産であり、もっとも充実した時でした。失うものはなにもない。ただ一歩ずつ前に進むのみ。晩年、いい人生だったと振り返る時、そのピークはこの時ではないかと思います。躍動していた最高な落選でした。

選挙は駅頭から

小沢事務所では選挙は川上からと教えられました。街宣活動では「誰もいなくてもやれ！　ちょっとした民家のある十字路があればそこでやれ。必ず聞いている」。さらに先輩には、電柱にも頭を下げるつもりでやれとも言われました。さすがにそこまではできませんでしたが、農村部によくいる犬には丁重に頭をさげて演説を行ったものでした。実際に山の中で聞いてくれているのは犬猫の方が多かったですし、よく聞いてくれていた感じがします。感謝しています。

そのような鍛えられ方をしていたので、地元での朝の駅頭活動もすぐに始めることができました。朝立ちはまずはひたすら頭を下げるだけ。誰なんだ、何をしているのだ、という視線を感じながらのスタートです。よく「最初は宗教かと思っていたよ」と言われました。やがて温かいコーヒーや差し入れを頂けるようになりました。最初の頃に頂いた数十缶はいまだに飲めないで飾っており、政治家を辞めた時に飲もうと決めております。孤独でありながら躍動していた時期です。

すべては駅立ちにあり

投票日当日の夜10時、勝つつもり全力で戦い勝利を信じていた私に一本の落選の電話がありました。勝つことを信じてやってきただけに、落選を受け入れる準備ができていない分、それは辛く厳しいものでした。隣に座る妻に一言耳打ちしました「負けた。しっかりしろ。ちゃんと御礼を言おう。取り乱しちゃだめだ」と言っている自分が一番動揺していました。反省と感謝の弁は短かったと思います。なんとか涙をこぼさずに話すのが精いっぱいでしたが、あとから聞いてみると泣きながら話していたそうです。まさに青春です。全力を出し切り、且つその仲間の前で泣ける機会はそうあるものではありません。そういった意味でも恵まれている人生だと思いました。その時の妻のなんとも言えない苦い表情が脳裏に焼き付いています。ちなみにもう一つ蘇るとすれば、当時30歳の妻が一人でタスキをかけて駅でひたすら頭を下げている姿です。自分が逆の立場でそれができるかと考えると、尊敬するし感謝の気持ちでいっぱいになります。そして落選した次の日に御礼と感謝の朝立ちに行くべきだと背中を押してくれたのも妻でした。わかってはいてもなかなかできないものです。しかし、本当に駅に立ってよかったと思いました。この朝がなければ、もしかしたら次の当選はなかったかもしれないと思えるような経験をすることになります。

素振り

最初の選挙は、駅立ちにすべてをかけた選挙でした。あいさつ回りもしましたが半年という限られた時間しかなかったので、不特定多数を対象とする活動いわゆる空中戦が主たる活動でした。半年間、毎日顔を合わせていた人たちに対し、落選の次の朝に複雑な気持ちで駅に立ち「ありがとうございました」と繰り返しました。それしか言葉を発することができなかったのです。せめて一人ひとりに言うようにしようと、一人ひとりに目を合わせながら細かく頭を下げていきました。すると決まった時間に通り過ぎる定年間際のいつものおじさんが、この日だけは足を止め私のところにやってきました。するとじっくりと私の目を見ながら「よくやった。次も頑張れ！　若いんだ」と言いながら唇をかみしめ泣いてくれました。まさかのおじさんの涙に私もこらえられず、その場で泣きました。一度出てしまった涙は止めることができず、とめどなくこぼれてきました。そのおじさんは息子のように抱きしめてくれました。恥ずかしさもありましたが、何というか清々しさのようなものが上回りました。この日のことは一生忘れません。あきらめちゃだめだ！　もう一度挑戦しよう、政治家になろう、とさらに強く思わせた経験でした。２時間の駅立ちの後、家に戻らずそのまま街頭活動に繰り出しました。

その後、この朝立ちは私の政治活動のライフワークとなります。どんな一流の選手でも毎日素振りをするような、いわゆるイメトレみたいなものがあると思います。議員の中には、朝立ちはパフォーマンスだという人もいます。私の場合は政治家としての感覚、まさに「素振り」みたいなものであり、駅という定点観測、毎回顔を合わせる市民と向き合うことそのものであり、その目線と感覚が政治家として必要だと思っています。

はじめての灯

浪人中、何か一つでもプロジェクトをやったのか、きらきらプロジェクトって何なんだ、とよく言われたものでした。その中で田園にホタルを再生させるというホタル

街頭演説キットと黒板

プロジェクトは、まさに当時の私らしいまっすぐでシンプルなプロジェクトでした。ホタルの小さな灯でしたがはじめて成功したプロジェクトで妻が一番喜んでくれました。一生懸命水槽で幼虫を育て、数匹だけでしたが光を放ったとき夫婦で声を出して喜びました。このかすかな灯が私にとって大きな支えとなっていきます。

顔のないポスター

様々な手探りの挑戦をする中で、顔や名前のないシルエットのみのポスターや、政策を羅列したポスターを作ったことがありました。顔や年齢など見かけで判断するのではなく、その人の中身で判断してもらえるような政治にしたいという単純で純粋な想いからでした。もちろん周りの人からは批判殺到。何のポスターだかわからない、文字が小さい、などなど。ただし一部の方からは確実なお褒めの言葉も頂き勇気をもらいました。やはり行動に移してみないとダメなんだと改めて思いました。実は最初の選挙の本番用ポスターも顔なしで作りましたがさすがにボツになりました。いつか顔や若さでなく、名前だけで、政策や理念、誠意が伝わる活動にしたいという夢はさらに強くなっていきました。

2週間に1度の対話集会

市民との対話集会は１００回を目指しました。一回の集会で戸別訪問５００件案内を課して2週間に一度は必ず開催すると決めて取り組みました。そのときの目標がなんと「市民全員の顔を覚えること」でした。

とは言ってもなかなか集まってくれるものではありません。そんなとき妻がいつも支えてくれました。毎回、人が来てくれるかどうか心配でしたが、０人の時は一度もありませんでした。これは大変自信になりました。いつの日か今後も０人はないと確信するようになります。なぜそう思ったかというと、途中からリピーターが来てくださるようになったからです。いわゆるファンです。この人たちは次の日程を聞いてスケジュールにメモしてから帰っていく。だからなおさらこちらも勉強し、もっといい対話集会にしようと努力する。各地域の課題問題を取り上げて、時にはインタビュー等取材もしながらの取り組みになり、それが「きらきら☆チャンネル」という番組化につながっています。さらには、いわゆるブレーン集団となる「政策委員会」というものも作れるようになりました。その地域の課題について議論し、私の政策に反映させるというもので、地元出身の公務員さんや政策通の方々に大変お世話になりました。

この集会は私の政治活動の原点です。すぐに解決できるものと、そうでないものと様々ですが、集会では会議録を取り、国・県・市町に提言書や要望書として提出したり、その結果を報告する集会に発展させ進

「水害対策」をテーマとした対話集会

拶を皆で確認したりしました。特に災害をテーマにした対話集会を繰り返し開催する中で、平成30年には水害対策としての流量調整施設（外見は小さなダムのようなもの）の建設が開始され令和3年の夏に完成しました。

「せんたく」の選択

2回目の選挙は知事系グループ「プロジェクトせんたく」からの公認で立候補し、当選を果たすことができました。選挙数か月前、新人候補ながら「公約はないのか」と記者会見の日に質問したことを憶えています。それに対しては「公約は議会改革だ」という回答のみで物足りなさを感じました。公認者はほとんどなく、立ち上げ時の代表をはじめ現職議員も公認ではなく無所属推薦であり、なぜ公認で出ないのか釈然としませんでした。

選挙が終わると「せんたく」という言葉自体が使われなくなりました。公認では私一人しか当選しなかった現状もあり、無所属当選組が集まり、無所属系会派が立ち上がりました。「せんたく」とは何だったのかというのが率直な感想で、この会派は人に集まる集団だと感じました。これは良し悪しではなく、常にそういった会派やグループはあります。しかし政党は、組織の綱領・理念で集まっています。誰が党首であってもブレることができないものがあります。一年でこの会派を離れることになりますが、決定的な理由を突き詰めると、やはりいつの間にか「せんたく」がなくなったことに行き着きます。

決断の時

政治家で一番必要な能力はなにかと聞かれたら、決断力だと思います。頭ではわかっていても行動できないということはよくありますが、政治家はそうあってはならない。当時の会派の移動に関しては、辛い思いをしました。やはりお世話になった方々と離れることは申し訳なく思うからです。しかし、一番大切なのは、市民の願いに応えるためにベストを尽くすことだと思いました。会派を離れる時、「裏切るのか!」と言われましたが、その論理でいくとそもそも小沢先生のもとで活動しなければなりません。本来崩してはならないのは、地域住民に対しベストを尽くす姿勢です。代議士のもとで学んだことも、政治とは市民に何をするかであり、内輪の論理はもちろん、どこの政党であるかも二番目に大切なことだと思います。

多選自粛条例

当時の知事は「知事選挙は3選まで（4年×3期＝12年）」とする多選自粛条例を自ら作りました。前知事が汚職し、その原因を多選であるとして批判し、わざわざ議会において成立させたものでした。その数年後にこんどは本人が多選であると言われ窮地に立たされることになりました。最終的に「この条例は若気のいたり」という答弁をして4選出馬に踏み切ります。議会で繰り返したのは、最終的に県民が判断することだというものでした。まさに政治の世界では「評価は他人」ですが、それでもダメなものはダメで、仮にそれでも出馬する場合は、あらゆる批判を受け入れなければならないと思いますし、ご本人もその覚悟があっての決断だったと思います。結果は、総投票数の約6割を集めての圧倒的な勝利で4選を果たします。これもまた政治であり選挙だなと考えさせられました。

昭和のサラリーマン

自民党の若い議員を見ると、真面目で従順な人が多く、熱く語る姿と同時に、先輩のご機嫌をうかがう姿が印象的でした。若いうちから保守のど真ん中で議員になるには、二世議員であったり、年配の議員に気に入られないといけません。いろいろな意味でバランス感覚が必要なのが保守系の若い議員です。それは、どこか昭和のサラリーマンのようにも見えました。はじめて自民党に入った時、当時の重鎮議員から「一人では何もできないぞ」と脅《おど》しのような指導を頂いたのを憶えています。

独立しろ

小沢代議士からの最後のアドバイスは「自分の足で立たなければだめだ」という言葉でした。それは代議士の行動を見ているとよくわかりました。代議士は常に「小沢グループ」にこだわりました。どんな大きな政党になっても、どんな立場に立たされても、自力で活動できる自分の集団を常に作り続けていました。身近な距離で派閥の作り方を見てきました。それは28歳で初当選し、20年以上与党で揉まれ、幹事長まで上り詰めた人の政治家として生きる術だったのだと思います。常に基準としていたのは、いざという政局でまとまれるグループ。世間ではよく小沢さんは政局ばかりと言いましたがまさにその通り、いやそれ以上でした。小沢グループはどんな時も小政党規模を保ち、本人は理念・政策にもこだわりましたが、周りの議員たちはそうでなく、人すなわち小沢代議士のパワーに集まっていた人が多かったように思えました。

当選して1年で自民会派に移動しました。一度敵として戦った相手陣営に信用してもらうことは容易ではないと身をもって痛感しました。自民党の立場で純粋に活動をしてこられた方ほど、人間関係を築くには時間と信頼関係が必要でした。「吉良君を応援しよう」と地元で組織的に言われたのは自民に入って2年半が経ってからでした。そして、自民に入り3年半経った頃に、ケアラー支援プロジェクトチームの事務局長をやってみないかと会派の幹事長から声をかけていただきました。

浪人中（4年間）の街頭活動

第３章　ケアラー支援条例とは

第一節　条例の本質

無縁社会

私がお坊さんとして感じるのが「孤独死」や「無縁仏」です。孤独死は年間全国で3万2千人いると言われています。こうした身寄りのない方は、市町村の公費での埋葬しますが、この10年で倍増しています。誰も来ない葬儀、お骨は誰も立ち合うことなく、淡々と共同墓地に散骨されていきます。私はこれを無縁社会と呼んでいますが、日本社会全体が孤立化・孤独化が進んでいるのを痛感します。

これは当然、介護にも影響しています。ちなみに、10年後の単身世帯は全体の約4割と言われています。家族や身内に介護する人がいないという状況が当たり前になる。現に、そのしわ寄せが若者や子どもにいっており、それがヤングケアラーです。

さらに問題は、ケアラーは認知されていないということです。どれくらいの人数がいるかもわかっていません。さらにヤングケアラーに至っては本人にその自覚がありません。現在、政府が孤独・孤立対策室を作りましたが、まさに現代の社会問題のキーワードは「孤立」です。

最近、報道等で大分取り上げられるようになりました『ヤングケアラー』という言葉ですが、埼玉県の令和2年度の調査では、認知度はまだ17％でした。

ちなみに、アニメ映画の『となりのトトロ』。主人公のサツキちゃんはヤングケアラーです。入院している母親に代わって、幼い妹の世話をしている小学生。直接、家族の介護や看護をしていなくても、障害や病気の家族に代わって家事をしたり、幼い姉妹の世話をしている子どももヤングケアラーです。

もっとも大切にしていること

ここで埼玉県におけるこれまでのケアラー支援施策の動きについて触れてみたいと思います。大きく分けると、①条例制定、②実態調査、③支援計画、④予算化、という流れです。

これまでになかったケアラー支援という概念を訴える
（埼玉県議会にて）

まず条例についてですが（※巻末に条例全文掲載）、図のケアラー支援条例概要図がありますが、第1条は目的、第2条は定義、そして最も大切にしているのが第3条の基本理念です。ポイントは以下の3つです。

①「個人」を尊重する
②「社会全体」で支援する
③ 教育の機会の確保する

どれも当たり前のようなことに思えますが、①では、これまで「個人」ではなく「家族や家庭」に丸投げされてきました。②は言葉で言うことは簡単ですが、実際に取り組むことは簡単ではありません。③は、まさにヤングケアラーのことであり、子どもの

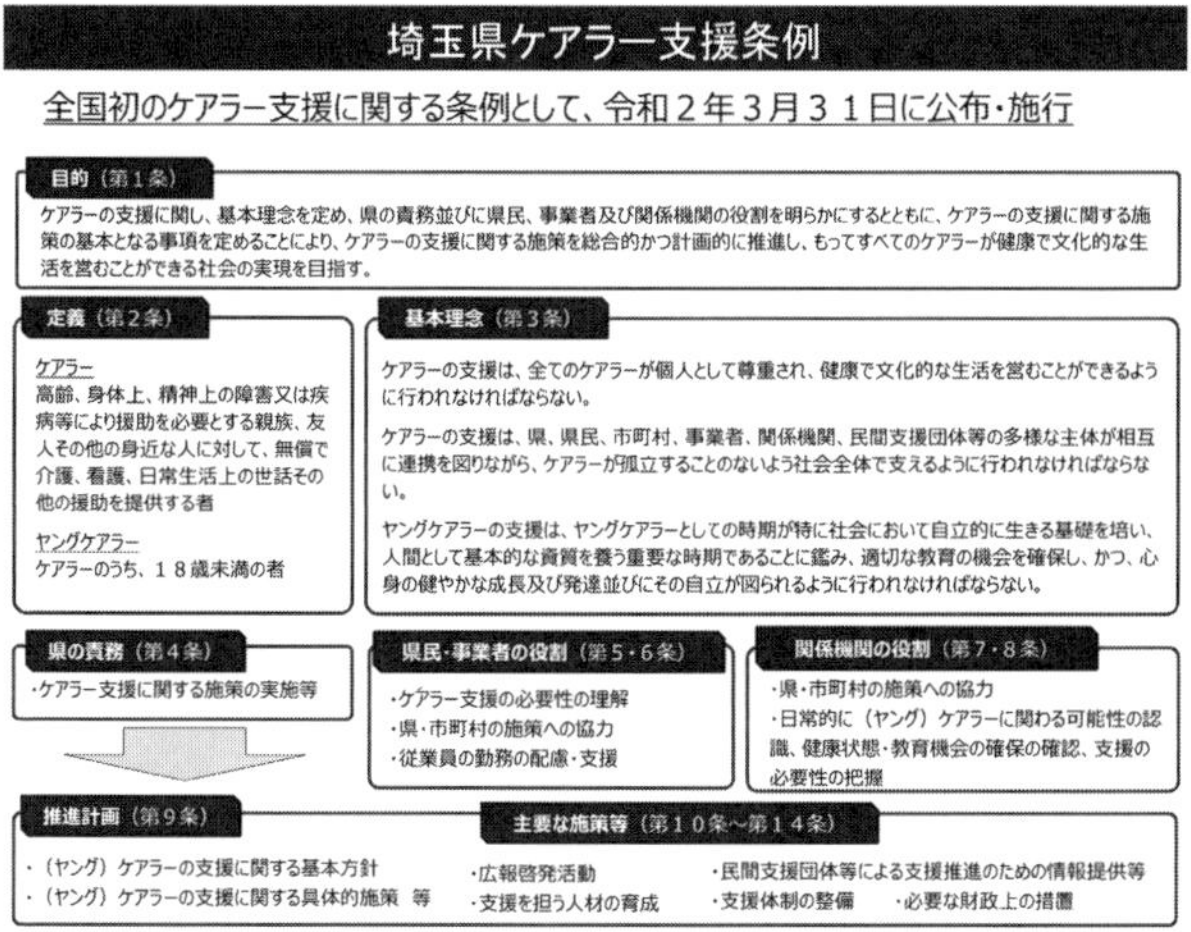

埼玉県ケアラー支援条例
全国初のケアラー支援に関する条例として、令和２年３月３１日に公布・施行
目的（第1条）
ケアラーの支援に関し、基本理念を定め、県の責務並びに県民、事業者及び関係機関の役割を明らかにするとともに、ケアラーの支援に関する施策の基本となる事項を定めることにより、ケアラーの支援に関する施策を総合的かつ計画的に推進し、もってすべてのケアラーが健康で文化的な生活を営むことができる社会の実現を目指す。
定義（第2条）
ケアラー
高齢、身体上、精神上の障害又は疾病等により援助を必要とする親族、友人その他の身近な人に対して、無償で介護、看護、日常生活上の世話その他の援助を提供する者
ヤングケアラー
ケアラーのうち、１８歳未満の者
基本理念（第3条）
ケアラーの支援は、全てのケアラーが個人として尊重され、健康で文化的な生活を営むことができるように行われなければならない。
ケアラーの支援は、県、県民、市町村、事業者、関係機関、民間支援団体等の多様な主体が相互に連携を図りながら、ケアラーが孤立することのないよう社会全体で支えるように行われなければならない。
ヤングケアラーの支援は、ヤングケアラーとしての時期が特に社会において自立的に生きる基礎を培い、人間として基本的な資質を養う重要な時期であることに鑑み、適切な教育の機会を確保し、かつ、心身の健やかな成長及び発達並びにその自立が図られるように行われなければならない。
県の責務（第4条）
・ケアラー支援に関する施策の実施等
県民・事業者の役割（第5・6条）
・ケアラー支援の必要性の理解
・県・市町村の施策への協力
・従業員の勤務の配慮・支援
関係機関の役割（第7・8条）
・県・市町村の施策への協力
・日常的に（ヤング）ケアラーに関わる可能性の認識、健康状態・教育機会の確保の確認、支援の必要性の把握
推進計画（第9条）
・（ヤング）ケアラーの支援に関する基本方針
・（ヤング）ケアラーの支援に関する具体的施策　等
主要な施策等（第１０条～第１４条）
・広報啓発活動
・支援を担う人材の育成
・民間支援団体等による支援推進のための情報提供等
・支援体制の整備
・必要な財政上の措置

埼玉県ケアラー支援条例の概要（埼玉県作成）

権利条約に関わる基本的なことが危ぶまれています。

4条は県の責務を明確にしています。5条から8条で、県民、事業者、関係機関、学校の役割を明記し一部努力義務を規定しています。よく言われるのは、「条例で何が変わるんだ。具体的に何をしてくれるんだ」というところですが、9条では、県で具体的な支援計画をつくり実行することを明記しています。10条以降、これらの施策に取り組むための体制の整備や、財政の措置について記しています。

実態を把握する

早く支援したいという気持ちを抑えながら、まずはどのような支援が求められ、どれくらいの規模感で支援するべきなのかを把握する調査をしました。

調査結果の概要ですが、まずケアラーの方では、

㋐　地域包括支援センター

㋑　障害者相談支援事業所

などを通じて調査しました。

・ケアラー本人の性別ですが、約8割は女性であるということ。
・自分の代わりにケアを担ってくれる人がいないが約3割。
・必要とする支援（複数回答）として、㋐では「支援の情報がほしい」41・5％、㋑では「親や家族が亡くなった後のケア」61・8％が最も高い。

次に、ヤングケアラー調査では、県内の高校2年生55，000人全員を対象に学校でアンケート調査しました。

・ヤングケアラーの割合ですが、全体の４・１％で、25人に１人ということがわかりました。
・ケアの内容は「家の中の家事」が６割。
・ケアによる生活への影響では、ヤングケアラーの６割近くが支障を感じている。
・必要とする支援は？　の質問には（複数回答）、「相談できる人や場所がほしい」、「見守ってくれる大人がほしい」、「勉強のサポートがほしい」など、６割以上が支援を求めていることがわかりました。

以上が実態調査の概要です。

これらから、生活や命に関わる重要な介護や看護というものを家庭に、さらに女性に丸投げしてきたことが明るみになりました。子どもの人権とか、女性の活躍とか言われて久しい昨今に思えましたが、現実の日本社会は子どもや女性にとても厳しい社会なのです。

支援計画

これらの調査結果を踏まえ、具体的な支援計画を具体化させていきました（図参照）。

ちなみに、この計画を策定するにあたり、埼玉県のホームページによる県民コメントには100人以上の方から300件近い項目を頂きました。県外の方からのコメントも多く、全国からの注目と期待を頂いていることを痛感しました。

その支援計画の「基本目標」は5つ。3年後の令和5年までに実現させようとするものです。

1．ケアラーを支えるための啓発・広

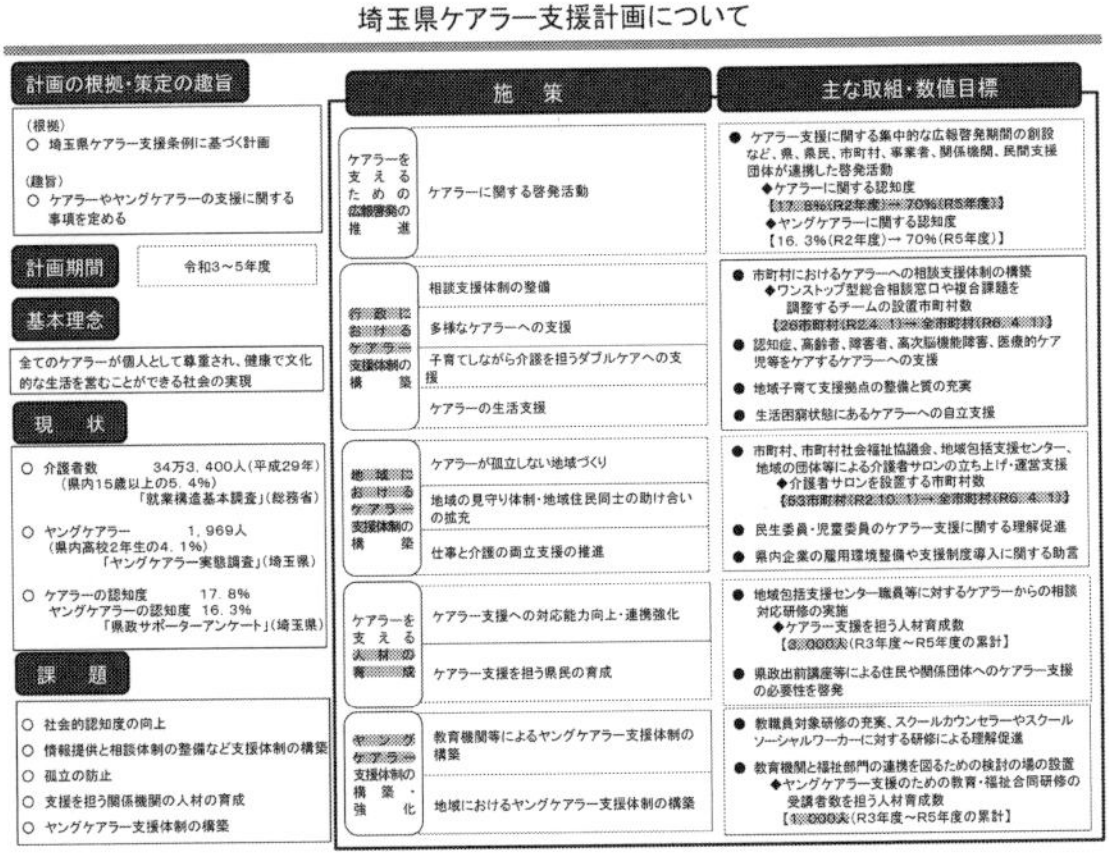
埼玉県ケアラー支援計画について
計画の根拠・策定の趣旨
（根拠）
○ 埼玉県ケアラー支援条例に基づく計画
（趣旨）
○ ケアラーやヤングケアラーの支援に関する事項を定める
計画期間
令和3～5年度
基本理念
全てのケアラーが個人として尊重され、健康で文化的な生活を営むことができる社会の実現
現　状
○ 介護者数　34万3,400人（平成29年）（県内15歳以上の5.4%）「就業構造基本調査」（総務省）
○ ヤングケアラー　1,969人（県内高校2年生の4.1%）「ヤングケアラー実態調査」（埼玉県）
○ ケアラーの認知度　17.8%
ヤングケアラーの認知度　16.3%「県政サポーターアンケート」（埼玉県）
課　題
○ 社会的認知度の向上
○ 情報提供と相談体制の整備など支援体制の構築
○ 孤立の防止
○ 支援を担う関係機関の人材の育成
○ ヤングケアラー支援体制の構築
施　策
主な取組・数値目標
ケアラーを支えるための広報啓発の推進
ケアラーに関する啓発活動
● ケアラー支援に関する集中的な広報啓発期間の創設など、県、県民、市町村、事業者、関係機関、民間支援団体が連携した啓発活動
◆ケアラーに関する認知度
【17.8%(R2年度)→70%(R5年度)】
◆ヤングケアラーに関する認知度
【16.3%(R2年度)→70%(R5年度)】
行政におけるケアラー支援体制の構築
相談支援体制の整備
多様なケアラーへの支援
子育てしながら介護を担うダブルケアへの支援
ケアラーの生活支援
● 市町村におけるケアラーへの相談支援体制の構築
◆ワンストップ型総合相談窓口や複合課題を調整するチームの設置市町村数
【26市町村(R2.4.1)→全市町村(R6.4.1)】
● 認知症、高齢者、障害者、高次脳機能障害、医療的ケア児等をケアするケアラーへの支援
● 地域子育て支援拠点の整備と質の充実
● 生活困窮状態にあるケアラーへの自立支援
地域におけるケアラー支援体制の構築
ケアラーが孤立しない地域づくり
地域の見守り体制・地域住民同士の助け合いの拡充
仕事と介護の両立支援の推進
● 市町村、市町村社会福祉協議会、地域包括支援センター、地域の団体等による介護者サロンの立ち上げ・運営支援
◆介護者サロンを設置する市町村数
【63市町村(R2.10.1)→全市町村(R6.4.1)】
● 民生委員・児童委員のケアラー支援に関する理解促進
● 県内企業の雇用環境整備や支援制度導入に関する助言
ケアラーを支える人材の育成
ケアラー支援への対応能力向上・連携強化
ケアラー支援を担う県民の育成
● 地域包括支援センター職員等に対するケアラーからの相談対応研修の実施
◆ケアラー支援を担う人材育成数
【3,000人(R3年度～R5年度の累計】
● 県政出前講座等による住民や関係団体へのケアラー支援の必要性を啓発
ヤングケアラー支援体制の構築・強化
教育機関等によるヤングケアラー支援体制の構築
地域におけるヤングケアラー支援体制の構築
● 教職員対象研修の充実、スクールカウンセラーやスクールソーシャルワーカーに対する研修による理解促進
● 教育機関と福祉部門の連携を図るための検討の場の設置
◆ヤングケアラー支援のための教育・福祉合同研修の受講者数を担う人材育成数
【1,000人(R3年度～R5年度の累計】

埼玉県ケアラー支援計画の概要（埼玉県作成）

報の推進
認知度向上　17％→70％
2．行政におけるケアラー支援体制の構築
レスパイトの充実、アドバイザー派遣
3．地域におけるケアラー支援体制の構築
サロン立ち上げ支援、電話相談・情報提供体制
4．ケアラーを支える人材の育成
研修、支援人材3，000人
5．ヤングケアラー支援体制の構築・強化
研修1，000人、教育と福祉の連携体制

以上が支援計画の概要です。これらを実現させるために具体的な政策におとし込み予算化していきます。

本格的な予算化

2021年度よりケアラー・ヤングケアラー支援のための具体的な予算が約1億8，

８１７万円つきました。前年度も啓発冊子を作ったり、ケアラーがコロナ感染した場合の緊急対応措置は講じられてきましたが、しっかりとした計画のもとに体系的に予算化されたことは大きな前進であったと思っています。

２０２２年度は、約12億円、さらに２０２３年度のケアラー支援の関連予算は、14億円超に拡大しました。

今後の取り組み

これらの施策をさらに充実させるために、以下のような提案を議会でも取り上げてきました。

①緊急支援体制

実はこれが最も多い要望です。ケアラー全体の３割の人が「代わりにケアする人がいない」と答えています。現場がいかに切実であるかということと、心理的にもかなり負担がかかっていることが窺えます。。万が一の時など、ひとときでいいからいつでも代わりにケアしてもらえるサービスがあれば、ケアラーは安心して過ごすことができます。逆にこれがないと自宅での介護や看護は無理だとなってしまう。

郵便はがき

料金受取人払郵便

新宿局承認

7552

差出有効期間
2024年1月
31日まで

(切手不要)

1 6 0-8 7 9 1

141

東京都新宿区新宿1－10－1

(株)文芸社

愛読者カード係 行

お名前《ふりがな》		明治 大正 昭和 平成	年生 歳
ご住所《ふりがな》	□□□-□□□□	性別	男・女
お電話番号	(書籍ご注文の際に必要です)	ご職業	
E-mail			
ご購読雑誌(複数可)		ご購読新聞	新聞

最近読んでおもしろかった本や今後、とりあげてほしいテーマをお教えください。

ご自分の研究成果や経験、お考え等を出版してみたいというお気持ちはありますか。

ある　　ない　　内容・テーマ(　　　　　　　　　　　　　　　　　)

現在完成した作品をお持ちですか。

ある　　ない　　ジャンル・原稿量(　　　　　　　　　　　　　　　　　)

書　名				
お買上 書　店	都道 府県	市区 郡	書店名	書店
			ご購入日	年　月　日

本書をどこでお知りになりましたか?

1.書店店頭　2.知人にすすめられて　3.インターネット(サイト名　　)

4.DMハガキ　5.広告、記事を見て(新聞、雑誌名　　)

上の質問に関連して、ご購入の決め手となったのは?

1.タイトル　2.著者　3.内容　4.カバーデザイン　5.帯

その他ご自由にお書きください。

(　　)

本書についてのご意見、ご感想をお聞かせください。

①内容について

②カバー、タイトル、帯について

弊社Webサイトからもご意見、ご感想をお寄せいただけます。

ご協力ありがとうございました。

※お寄せいただいたご意見、ご感想は新聞広告等で匿名にて使わせていただくことがあります。

※お客様の個人情報は、小社からの連絡のみに使用します。社外に提供することは一切ありません。

【2021年度埼玉県当初予算よりケアラー関連の項目のみ抜粋】

分類	具体的な中身	予算額
ケアラー支援	**ケアラー支援普及啓発** ケアラー月間の創設、フォーラム開催 ハンドブック・啓発リーフレット作成配布	1,305万4千円
	地域での居場所づくり促進 介護者サロンの立ち上げを支援	44万6千円
	市町村等支援 相談支援体制の強化	463万7千円
	ケアラー入院時等の要介護者受入施設の運営	6,276万4千円
	ケアラー支援有識者会議	30万9千円
地域で暮らす障害児者・ケアラーの支援	**障害者地域支援体制整備**	124万6千円
	レスパイトケア※受入促進	8,900万0千円
	コーディネーター養成研修	169万0千円
	医療的ケア児者受入設備整備	150万0千円
	医療的ケア児者支援従事者養成研修	150万0千円
チームオレンジ構築支援	**「チームオレンジ」構築支援** 地域において認知症の人やその家族と認知症サポーターをつなげる仕組み(チームオレンジ)の構築	865万6千円
	認知症本人大使「埼玉県希望大使」任命事業	22万0千円
ヤングケアラー支援	**ヤングケアラー支援事業** オンラインによるサロンを開設	170万9千円
	ヤングケアラーサポートクラス(YCSC) 学校で元ヤングケアラーや専門家等を講師とする講演会(出張授業)を開催	143万9千円
	合計	**1億8,817万円**

※レスパイトケア…介護者が一時的に介護から離れて休息を取れるようにする支援

②サロンを県内1,000か所へ

埼玉県内には、令和3年時点で60か所程度のサロンがあります。これを、地域包括支援センター283か所、さらにヤングケアラーはじめ、こども食堂や学習サポートなど様々な支援の機能も持つ子どもの居場所800か所計画などと連携して増やしていきます。これはすべての小学校校区に設置するという規模感です。ケアラーの4割以上の人が相談機関や情報がほしいと回答していること、ヤングケアラーの6割が何らかの支援を求めていることから、スープが冷めない距離にサロンがあるべきだと思います。

③学校サロン

これは子どもたちの学校内における新しい居場所です。具体的には保健室でもいいので、子どもたちの心身の健康から生活、また人生と向き合えたり、ゆっくり過ごせる居場所を作ることです。2018年の大阪の大学での調査では、ヤングケアラーはスクールソーシャルワーカーやスクールカウンセラーに相談してないという現状が明らかになりました。もっと寄り添う人や空間の工夫が必要です。私は学校の中に「目的のない場所」を作ろうと言っています。そこは家庭のリビングのような場所です。

埼玉県の「子どもの居場所」（地元幸手市にて）

④データ

埼玉県は独自に、学力・学習状況調査を実施しています。子どもたちの学力の伸びをデータ化することで、個別最適化した指導をしていくことが目的です。私はさらに進めて、成績の伸びだけでなく、逆に落ち込む子などの異変を感知するアンテナとしても積極的に活用する。タブレットを使った調査へ移行していく中で、ヤングケアラーのアンケート調査や、オンライン相談、情報提供に生かしていく。

さらには、ヤングケアラー支援だけでなく、子どもたちがオンラインでつながることで、子ども同士でも心のケアを互いにし合うことができます。

⑤人材育成

ケアラーハンドブックを生かした福祉教育が始まっています。まずはヤングケアラーのための専門職などにスムーズにつなげるコミュニケーションツールとして使います。さらにヤングケアラーでないでない子たちに対しても、福祉教育をじっくりと育み合うことで、条例の基本理念にある「社会全体での支援」につながっていくものだと考えます。

特別支援学校とヤングケアラー支援

障害などのある子の兄弟姉妹のことを「きょうだい児」と言います。ヤングケアラー実態調査でも、ヤングケアラーのうち22％が兄弟姉妹の介護を行っていると回答していました。

「きょうだい児」は障害などのある兄弟姉妹をケアしたり、周りの家庭との違いに孤独感や、家庭内でも孤立感を感じたり、支援を必要とするケースが多くあります。

そこで、県内に特別支援学校は43校ありますが、ケアラー・ヤングケアラー支援を推進するために、生徒だけでなく、その家族や兄弟姉妹に対しても支援することが必要だと議会でも提案しました。

その時の教育長からは、以下のような答弁がありました。

特別支援学校では、担任の教員や市町村の福祉担当者等の関係者で構成されている支援会議において、生徒が抱える課題等について情報共有をした上で関係機関による支援につなげる取り組みを行っている。

また、土曜参観日を活用して、「きょうだい児」同士が語り合ったり、悩みを分かち合う場を設けている学校がある。その他、学校で実施している保護者会の中で、「きょうだい児」を含め子育て全般について気軽に相談できる機会を設けている学校もある。今後、これらの取り組みをすべての学校に周知するなど、特別支援学校におけるヤングケアラー支援が充実するようしっかりと取り組んでいきたい。

「地域包括」をどのように包括的にするか

埼玉県では、ケアラー支援に密接に関連する地域包括ケアシステムの構築を掲げて8年が経ちます。その間、社会福祉法も改正されました。本来の地域包括ケアシステムのあるべき姿とは、これまでの高齢者介護だけなく、障害児者はじめ様々なケアを包括的に支援できる仕組みにすることです。それは縦割りを超えた横軸展開です。そしてさらに、ケアする人をケアするというケアラー支援です。ケアラーは老老介護のようなケアから、ヤングケアラーまで年代も様々。これまで地域包括は、高齢者介護という点の支援から、様々なケアの対象を入れつつ横軸展開し、ケアラーの様々な立場を縦軸とすれば、はじめて地域包括は面的な支援システムになる感じでしょう。

ちなみに、現場のケアマネさんはすでに忙しいです。ケアラー支援の前にケアマネ支援が必要です。そこで提案したいのが、支援資源を増やすことです。

例えば、医師会に協力いただき病院の医師・看護師へのケアラー支援研修を行い、たとえば病院を受診したら、家庭内にヤングケアラーがいるなと看護師や医師にも気づいてもらう。また、こうしたケアは家庭内のトラブルに関わることも多く、警察でもケアラー支援研修を行い連携する。

こうした本来の包括的なケアシステムの構築に向けて、支援資源の具体的な拡充が必要だと訴えています。

誰もがプレイヤーになる

ケアラー支援条例４条の県の責務では、「市町村に助言、その他の必要な支援を行うものとする」とされております。市町村総合相談支援体制だとか、重層的支援体制だとか言われている昨今ですが、国も県もどこにつなぐのか具体的に示しておらず、ケアラー支援計画にも書かれていません。市町村の支援で大切なことは、支援の流れを明確にすることです。

いつでも誰でもケアラーになりうるものであり、どんなケアになるかもわからず、縦割りでは対応できないケースもあり、まさに視界の悪い大海原に放り出されているようなものです。だからこそ、「灯台」のような目印、そしてしっかりとバックアップしてくれる拠点が必要です。

千葉県では、十数年前に障害者の支援として立ち上がった、千葉県中核地域生活支援センターが県内に13か所あり、分野横断的、包括的な相談支援等を行っています。拠点の一つ市川市にある「がじゅまる」さんと意見交換をさせていただいたことがあります。時代の変化と共に役割も変わり、現在は児童虐待や貧困をはじめとした生活支援に取り組んでいます。複雑混合したケアラー・ヤングケアラーの現場の課題に対応していくために、こうした包括的なバックアップ拠点が必要なのではないかと思いました。

一方、埼玉県はじめ地方行政の場合は、県庁からの市町村支援という形であるため、現場のことは市町村に丸投げという状態にも思えます。丁寧にバックアップしていくことが求められていながらも、アドバイザー派遣にとどまっています。無責任なご当地主義にも見えます。


ではどうすればいいのか。

わかりやすく説明するために「ネットワーク・トポロジー」の図を参考に申し上げます。

これまでが「ツリー」と言われる樹形図トポロジー。まさに国・県・市町村・各地域包括のようなつながり方です。上にある丸が県としてみてください。

それを隣の「コネクテッド型（自律分散型）」のトポロジーにする。違いは大きく2つあります。一つ目は、県もこのネットワークの中に入っているというところです。

二つ目は、接続されている線の数にご注目ください。数学に強い人は、何倍に増えて

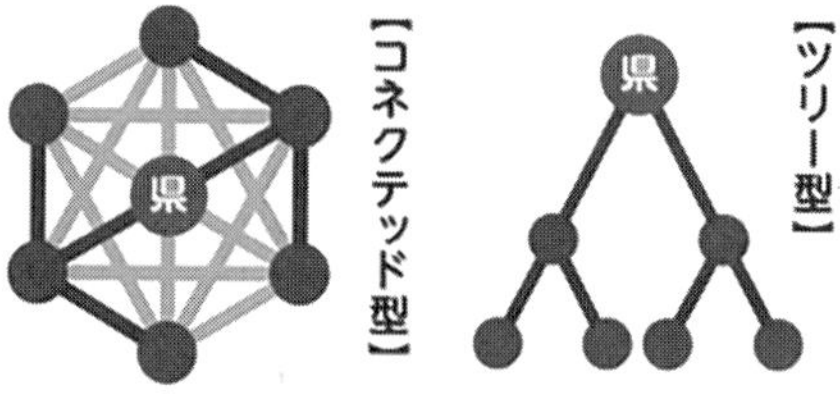

ネットワーク・トポロジー

いるのかおわかりになるでしょう。

　ツリー型は6本ですが、コネクテッドになると、なんと3倍の18本に増えます。数学に弱い私は、小学2年の娘と何度も数えました。新たに現場を意味する丸を一つ付け加えて想像してみてください。指数関数的な接続の増加を見せます。

新たな社会の形「コネクテッド」

　県がやることは、埼玉県ケアラー支援計画に基づき、令和6年4月1日までに全市町村にケアラーからの相談などに対応する「ワンストップ型総合相談窓口」や「複合課題を調整するチーム」を設置することを目標として定め施策を推進するということになっています。市町村の支援の仕方については、市町村の相談体制の構築を支援するアドバイザーの派遣にとどまるのです。これではプレイヤーとは言いません。県は、県職員も市町村に赴き、共に課題の整理や実現に向けた方策の検討を行うなど、伴走型の支援としていくと言いますが、時々行って口出すだけでは、やはりプレイヤーではないのです。

議会での答弁では、これまで市町村支援を展開していた地域包括ケア総合支援チームに新たにケアラー支援の役割を組み込み、研修を計画的に実施したり、直接訪問して支援を行うこととしております。

しかし、市町村のバックアップでは、本質的に構造は変わっていません。これまで県は最前線の選手を、監督やコーチの立場からああだこうだと指示を出すだけでした。私の言う本来のバックアップとは、同じプレイヤーとして同じ球を追うことです。一つのポジションを担うことで、見えてくるもの、同じチームの一員としてやることになります。

国や県の拠点がプレイヤーとなり、広域でハブ的な役割を担うことで、連携力が格段に上がる。ちなみに中核地域支援センターでは数名の職員しかいませんが、学校、警察、児童施設、障碍児者支援センター、様々な当事者の会、ＮＰＯなど各種団体、

100か所以上の連携先とつながっています。複雑化、複合化する困難事例にも対応できる。

そしてこの最大の魅力は、新たな支援資源の創出です。今後市町村や県を超えての支援や、オンラインなどもますます広がりを見せる中で、様々な境界を超えて、人や支援がつながってきます。多くの方で関わることで社会課題を共有するということができ、条例の理念でもある社会全体で支援する社会に近づけることができます。

国や県は、市町村や現場への調整や監督役でなく、同じプレイヤーとして力を発揮することが求められています。貧困、孤立……現代の諸課題は、複雑な要因が絡み合っているため解決が困難だと思われています。しかし、複雑に絡み合っているからこそ、誰もが関わっているとも言えます。みんなが支援資源なのです。

安倍元首相銃撃事件

このコネクテッドが構築できれば、様々な社会課題も解決できると訴えてきました。

令和4年の参議院選挙の最中に安倍元首相が銃撃され死亡するという事件が起きた時、やがて世間の怒りの矛先は、現場の警備体制に向けられました。しかし、選挙を知るものとして、有権者との握手などの触れ合いを大事にする選挙文化では警備にも限界があります。なぜこのような事件が起きてしまったのかを考えるほど、そもそもこのような事件を防ぐことはできるのかと疑念を持ちました。やろうと思えば誰でもできる恐ろしい事件だと思えたのです。

警察に責任を押し付けたところで、次も起こりうる危険で厳しい現実があります。しかしこれは、縦割りの発想で考えるから限界があるのです。この本で取り上げているコネクテッドとは、ある意味みんなで警備することです。

私は昨年、埼玉県議会の文教常任委員会の委員長を務めておりました。子どもたちを取り巻く環境は厳しい状況で、いじめ、不登校、自殺、虐待、貧困、どれも解決の方向に向かっているとは言い難い状況です。これを教育委員会で解決させようとしていること自体に無理がある。警備体制を警察にだけ押し付けているのと同じです。

中央集権・縦割りのツリー型の時代から、みんなで問題を共有し解決させるコネクテッド型の時代にすべきだと考えています。

第二節　心のケアと社会のケア

答えはない

　これまでヤングケアラーや元ヤングケアラーの方々の話を伺っていると、半分は心の問題であることを実感しました。これは、これまでの昭和的な家族がなんとか家庭内で補ってきたことのように思えました。

　心の問題というものは、マニュアル化された答えで解決されるものとも限りません。

　ヤングケアラー支援の最前線で取り組まれているヤンクル株式会社の代表である宮崎成悟さんと対談させていただく機会がありました。宮崎さんは、家族の介護をしている20～30代の就職や転職支援をしており、たくさんの相談に対応されています。その宮崎さんに「ヤングケアラー支援の最善策は何か」とお聞きしたことがあります。その時、「わかりません」とはっきりおっしゃったことが印象的でした。当時、専門職につなぐ仕組みや、いくつかのマニュアルに沿って確実に効率的にいち早く悩みや相談に応えられる体制を整えたいと考えていた私は、はっと気づかされたのです。「あ……これわからないいんだな」とスッと飲み込めたのです。まずは一緒に向き合うこと。そして、どうしていこうか一緒に考えようという姿勢でいかないと進まない。この子にとっては良い解決策であっても、別な子にとっては違うということを理解しないと進めないなと思ったのです。だからサロンの必要性を訴えています。特にヤングケアラーについては、学校内や地域にサロンを作るというイメージで、人生を考える時間と居場所を確保してほしいのです。

さらに言えば、答えはいらない。そもそも答えなどなくて、自身の心を冷静に、落ち着いて整理できるかどうかが重要だと思います。専門職につなげていくことも確かに重要ですが、答えを導くことばかりではないと思います。眠れないから睡眠薬を出すような「治す」とは違うもの。共にいることや寄り添うことで、自然と治癒される、そんな関係、居場所を作ることが必要だと強く感じたのです。

多様な心のケアをつくるには

心のケアの場合、人それぞれ癒され方が異なります。例えば、死後の話をすることだったり、会話ではなくハンドセラピー（さすってもらうだけでも落ち着く）などもあるでしょう。その人個人に寄り添える多様な心のケアが必要ではないか。特にヤングケアラーの心のケアでは、今の問題と合わせて人生に寄り添えるものが必要だと思います。ヤングケアラー支援で進んでいるイギリス（１９９５年にケアラー法が成立）では、支援の一環で瞑想の時間があります。

今後日本社会で、より多様で具体的な心のケアを創出するには、介護や看護の現場と、心のケアのボランティアで結ぶ仕組みなどが考えられると思います。例えば、訪問看護ステーションのボランティア（お坊さんなど）版などがあればいいと思います。

若者の想い

私は日頃から大学生と政治活動を共にしておりますが、令和3年3月に行われた学生政策コンテスト（「未来自治体全国大会２０２１」主催　ＮＰＯ法人ドットジェイピー）で全国大会にて優勝することができました。全国から約１，５００人５７４チームが

全国優勝した学生メンバー「きらメン」と

エントリーする大会で、最終審査で国会議員や著名人とのディスカッションもありました。

政策テーマとしては、孤独・孤立化する社会に対してどうのようにしたら良いのか。まさにケアラーやヤングケアラー支援などをベースに政策を作りました。30年後を見据えた新しい共同体づくりには、20～30人規模の社会的基礎単位（政策の中では「きずな家」と命名）を構築するという内容でした。この政策をつくる中で、今の子どもや若者が、いかに孤独に不安に感じ、つながりを求めているのかを痛感しました。政府の方でも「こども家庭庁」が設立されましたが、今の日本の社会にとって、子どもの居場所や、心の拠り所などに向き合うことが求められていると思います。

顔のないポスター

私が選挙に初めて挑戦したとき、東日本大震災が起きました。選挙1か月前という時で、事務所を開設した初日でした。このまま選挙準備をするべきか、被災地支援をすべきか考えました。そしてすぐに支援物資の拠点づくりに切り替えたのです。まさにその時は、物資からケアの問題まで被災地で何が必要とされているのかを社会全体で考えた時でした。

顔写真のない選挙ポスター
※実際には使用せず

とてつもない不幸に涙し、絆という言葉が叫ばれ、社会が一つになったような気がしました。その時に作成したポスターがこれです。

顔写真もない。なんのポスターなのか意味がわからないものでした。顔などのビジュアルで選ぶのではなく、理念や情熱、やる気で選んでほしいという想いが爆発したのです。今見るととても恥ずかしく、それでいてまっすぐな情熱と行動力に迫力さえ感じます。若さとはこういうものかと今になると冷静に思うのです。

また、当時の地域社会の印象は、地域コミュニティの衰退と同時に無関心がはびこり、残ったしがらみの中で社会が動かされているように思えました。震災後は巨大防潮堤が建設され、原発を批判しながらも使い続けるしかない社会、どこもかしこも地方創生と言いながら国からの助成金にどっぷり浸かる情けない社会の姿でした。

交付金という麻薬

4年の浪人の後に県議会議員になり、実際に地方創生に取り組む立場になりました。県の施策の典型的なパターンは、専門家やアドバイザーを市町村へ派遣する費用などを助成するというものです。この手法は条件が揃った自治体ではかみ合うことがありますが、一部の地域に過ぎず、それ以外で行われても大抵長続きしません。

なぜ地方創生ができないのか。結論を言うとやる気がないからだと思います。どこかで「うちの町には○○が足りない。うちの町では無理だ」という発想になってしまっている。うちはあの町とは○○が違いますから、という言い訳を行政の人も、地域の若い人も思わず言ってしまう空気感を感じます。

政治でも経済でも一番大切なのは自発的な参加だと思います。しかし言葉で言うのは簡単ですが、この自発性は強制的に作れるものでも、お金で作れるものでもありません。現にこれまでの補助金行政がこれを萎えさせてしまった。

具体的に見てみますと、「ふるさと創造資金」など市町村に対して膨大な国の補助金を県が窓口になり支給しています。補助金ありきの単発イベントをやってどれだけ効果があったのかと思うことが度々ありました。市町村行政に対する町づくり補助金は、自腹だったらやらないが補助金があればやるということになります。こういった補助金がどんどんと地域の弱体化を招いています。

農村に向けた補助金もあります。数年前から始まった「多面的機能交付金」は、水路の補修から沿道の花壇など、地域コミュニティに関わるものであればお金を支給するという幅広い補助金です。それをもらわなければ損をする雰囲気は、やがて補助金をもらうことが目的になってしまう。国や県からの補助金・交付金を当てにすることが当たり前になってしまうと、徐々に自発性はなくなっていくでしょう。

商工会もＰＴＡも医師会も青年会議所などの地域の中核をなす団体も、市町村から補助金を受けていることが多いです。区長さんや民生委員さんなど行政に近い業務ならわかりますが、本来自発的な意思で立ちあがった組織までも交付を受けているのが現実です。税金を使ってまでその団体が必要かと言うと角が立ちますが、みんなの税金を投入すべきかという議論は必要なはずです。また場合によっては、その組織の本来の目的よりも、組織の存続をさせること自体が目的化している場合もあります。支援されることが当たり前の世の中になってしまいました。でもその当たり前に気づかない、気づいていても何とも思わなくなってしまったことが問題です。

しかし、小さな町で、何もないと言われる町でも盛り上がっている所もあります。そういった所では町というよりは人が人を呼んでいる。人とは何かというと、人が描くビジョンや夢にあります。そして夢と現実を近づける魅力ある政策が地域のやる気に火をつける着火剤の役割となります。それが政治の醍醐味だと感じています。夢を与える仕事とも言えます。しかし政策や構想はあくまでも着火剤でしかありません。もっとも大切なことは、どんな小さな火花でも発火させるのは人であるということ。火を生み出す「人材育成」が肝心だと痛感します。

誰の意識改革が必要か

これから求められる基本的な考え方として、小さな行政と大きな市民力にしていくことです。地方の自治体の税収が予算の半分でしかない時代です。今後は、行政の仕事をコンパクトにし、公共が担っていた部分を民間、企業、ＮＰＯに積極的に委ねていくべきです。今の行政にはそうした方向へ進める手腕が求められています。

市民は基本的に、自分たちでできることはやる。さらに公共を生かして自分たちの町を活性化させる面白いチャンスがたくさんあると再認識する時です。

また、行政はよく市民に対し「財政が厳しいので」とか「これからは補助金に頼らないでほしい」と言いますが、そもそもすでにどっぷり補助金に浸かっているのが地方行政です。市民もこれまでのように何でもかんでも行政に求めてはいけませんが、行政はこれまで市民のやりたいようにさせてこなかったのが現状でもあります。よく聞くのが「公平性のために許可できません」という行政の決まり文句です。公平性を言うのであれば、すべてに許可を出せばいいのです。

自分たちでやってみてくださいという決断ができない。許可なしにできない構造を行政自らが作ってしまっています。以前、佐賀県武雄市が図書館業務は行政でやるべき仕事ではないとし、カフェやTSUTAYAという人気のある民間サービスに委ね、住民は満足し結果を出しています。これからは行政がどれだけ民間や市民に委ねて結果を出しているかが評価の指標になるでしょう。そして、正確にランニングコストを分析している行政とそうでない行政に大きな差が生じてくるでしょう。

最近は公共施設等に対するアセットマネージメントの取り組みが進められています。これまでの公共施設の維持管理は財政的にも人的にも大きな負担であり、どの自治体でも再編・長寿命化、有効活用などの計画を立てています。しかし、有効活用に関しては未だに疎《うと》く、行政は営業利益に対する抵抗感があり、さらに自分たちの管轄下におかなければならないという観念にとらわれています。

よく「意識改革」と言われますが、市民も行政も共に意識を変えていかなければなりません。まず、公共は行政のものではなく市民のものだということ。そして職員は市民が雇用しているということです。

さらに、まちづくりの基本は、地域経済が軸となるもので本来行政の仕事ではないということ。そして、一番の原点は市民が運営や管理できることはやり、受益者負担のまちづくりにシフトすることです。

特に、学校の空き教室を含めた公共空間のあり方としては、収益の一部を維持に再投資するなど、運営する側に活用の自由を与えることです。そうすれば、硬直化した公共空間がより社会に流通し、民間の資本やアイデアや人材が向かう仕組みをつくることができます。公共空間というＯＳに民間や市民のアプリをインストールするというイメージです。これまで職員の人件費をはじめとする膨大な負担が、まちづくり会社、自主財源事業、地域経営、公民連携事業により、魅力的で面白くなり結果的に活性化していくのです。「民間で運営しています。有料ですが自由にお使いください」というスタイルが当たり前になるでしょう。

現状がダメなのに変えられない理由として、新たな問題が起きるのではないかという漠然とした恐れがあります。これは裏を返せば既得権益を持った側の発想でもあり、困ってない立場の人の都合の良い解釈でもあります。本来、責任をもって将来を見据えた時、現状のままでは立ち行かない現実と向き合い、やはり改革を断行しなければならないのです。

ピンチはチャンス

お釈迦様が2500年前にこんな話をしたと祖母から聞いたことがあります。在家《ざいけ》（一般の方）に向けて私たちの生活のあるべき姿を話したそうです。①教育はみんなで協力すること、②田畑をちゃんと耕すこと、③汗をかいて働くこと、④政治には参加すること、⑤先祖を大切にすること。

どれも正論で当たり前のようにも思えますが、現在の教育の現場はいじめ、引きこもり、不登校、貧困、虐待、自殺など子どもたちを取り巻く環境は厳しさが増す一方です。農業は耕作放棄地が象徴する通り刻々とひどくなっています。労働に関しては雇用環境の悪化に加えストレスや鬱《うつ》に苦しむ人が増えています。政治は投票率や不信感に表されている通りです。先祖供養に関しては伝統や信仰心は衰退し、仏事でも簡素化や省略化に突き進んでいます。どれ一つまともにできていないことに気づかされます。批判と理想は語るが協力することはしない。そんな空気が蔓延しているバラバラ社会が見えてきます。

しかしピンチこそチャンスと言われます。社会も個人も様々な危機と出会うことがあります。日本でいえば、私が学生の頃の阪神大震災、10年前には東日本大震災、そして今回の新型コロナ感染症です。世界的な感染症の歴史を見れば、中世ヨーロッパのペスト、１００年前のスペイン風邪、いずれも５，０００万人というとてつもない数の人たちが亡くなっていますが、それを乗り越えながら人類や社会は生きてきました。

仏教における危機といえば明治維新の「廃仏毀釈《はいぶつきしゃく》」という仏教排斥運動でした。しかし逆に、これによって日本仏教は復活したと言われています。江戸時代では安定的な権限と幕府の統制下におかれていた中で胡坐《あぐら》をかいてしまい、教えの本質を忘れてしまっていた仏教界が改革されるチャンスとなったのです。もし明治の時に日本の国家宗教が仏教になっていたら本当の教えは導き出せなかったと思います。日本政府が仏教を切り捨てたおかげで日本仏教はナショナリズムに終わらずに、世界的なスケールとなりました。そこがアジア諸国の仏教とも違うところでもあります。今回のコロナウイルスの影響も命から経済まで甚大な被害をもたらしましたが、必ず私たちに別のものをもたらしてくれると思うのです。

貧しき時代の無関心

いま「貧しさ」について向き合う時代だと思います。日本がまだ経済的にも調子が良かった20世紀後半、本当の豊かさとは何か、などと謳われた本が多く出版されていたことを思い出します。教科書では世界には食べることもままならない貧困でかわいそうな子どもたちがいると教わりました。しかし、その南北問題は終わろうとしています。人口爆発と貧困の象徴でもあったアフリカは次なるマーケットとして開発が刻々と進められています。そう遠からず、スマホを持ちバブルも来て、人類発祥のアフリカが経済大国となる時代がくることでしょう。と同時に、世界中で同時多発的に貧困が起きています。現在の日本では7人に1人の子どもが貧困に晒されています。まず、現実の貧しさと向き合うことが大切です。

存在に気づき、わかり合えれば、やがて協力と支援は自然と芽吹いてくるでしょう。これはケアラー支援という新しい言葉を世に出すときに痛感したことです。まずは世の中にケアラーという「見えない存在」を知らせ、理解をしてもらうことが必要でした。私たちが理解すべきは、現代の制度疲労を起こしている社会構造と、それにより疲弊した存在を知り理解することです。

仏教では、本当の貧しさとは物やお金がないのではなく、いくら消費しても満たされない人、を言います。私たち人類が近年作り上げてきた「経済中心の文明のあり方」を考え直す時です。しかしもし、経済が常に何か新しいものを求めるのだとしたら、目に見えない本当の価値をはっきりと作る時代なのだと思います。

世界をひらく、ケアラーフェスティバル

私が発行する「ケアラー新聞（現ケアラー・タイムズ）」が主催して2021年11月に「世界をひらく、ケアラーフェスティバル」というものを開催しました。その前年に私が議会でも取り上げた「全国初のケアラー月間」が創設され、その協力事業として実施しました。会場は埼玉県飯能市にあるムーミンバレーパーク・メッツァビレッジという素敵な場所です。

目的は、ケアラー支援の普及・啓発です。事業方針として心がけたことは、

・県や民間団体とコラボしながら、一般の方々に親しみやすく発信する。

・最前線で活動している人や、想いやアイデアを発信したい人にプレゼンしてもらう

ことで、これから取り組みたいと考えている人を後押しする。

・未来型の魅力ある発信をすることで、ケアラー支援に対する夢と希望を共有する。

・高校生・大学生等の若者でつくりあげることで身近で明るいものにする。

・24時間テレビ風の番組にして親しみやすく配信する。

などです。

事業のイメージとしては、「物語風、かわいい、寄り添う、引き寄せ合う」的な雰囲気を作り「社会全体で支援する世の中」にすること。キャッチコピーは「知らなかった存在とわかり合えたら、ステキな世界が広がる」というものでした。

The Carer Times Vol.04
ケアラータイムズ
2022.03
Topics 特集
"世界をひらく"ケアラーフェスティバル初開催！(P2・3)
【インタビュー】家族介護は「選択」と「共感」の時代へ (P4・5)
Index その他の記事
P1 「条例化で何が変わるか、変えるか?!」ケアラー支援フォーラム2021
P3 ヤングケアラー's コラム：るなさん
P6・7 ケアラー支援に係る埼玉県と国の令和4年度予算〈解説〉
ヤングケアラー's コラム：らいまさん
P8 編集者コラム
幸せの国・フィンランドの視点から
元ヤングケアラー's コラム：かんちゃん
8自治体が施行、3自治体が近く成立
ケアラー支援条例

私が発行している「ケアラー・タイムズ」

コロナ禍ということもあり、特設スタジオからの動画番組を配信する形になりました。スタジオは、施設内メインホール2階レストランの10人程度の半個室をお借りしました。施設側である株式会社ムーミン物語さんにはご理解とご協力に感謝申し上げます。出演者は4名の女性キャストが進行します。専門のミキサーの方が入り、録画したものや別会場とオンラインでつなげていきます。番組中にミュージックが入り、ケアラー月間オリジナルTシャツやケアラースイーツなども作成し、スタジオをリビングに見立て、食べながらのほっこりとした演出でした。

配信についても当時の最先端の技術を使い、YouTubeによるLive中継配信に伴い、スタッフは数名のプロに方にお願いしました。事前告知は、ケアラー新聞アカウントによるSNS発信及び告知チラシで、申し込みフォームはGoogleアカウントで、また後日にアーカイブ編集配信もしました。また、事前に開催地でロケ収録もし、素人が思いつきでやるには大掛かりな事業となりました。当日の限られた特設スタジオスペースに総勢13名のスタッフがバタバタと楽しそうに動いていました。

フェスティバル会場で（著者左端）

ケアラーフェスティバルの開催チラシ

ムーミンと共に

オープニングには事前に収録した90秒のイメージ動画を流しました。イメージやキャッチフレーズを学生スタッフと会場であるムーミンバレーパーク・メッツァビレッジで事前にロケ撮影し作成したものです。

オープニング挨拶から主旨説明まで高校生、大学生がやります。さらに元ヤングケアラーの30代女性2名が入り、4人でトークをしながら進めていきます。これらも基本的に私の思いつきです。

そしてまず「ビジョンプレゼン」コーナーとして、コンパクトな基調講演をしていただき、キャストとの質疑や感想などを語り合っていきます。「家族」や「つながり」について、また会場についてのこだわりもあったので、ムーミンなども話題となりました。

次に「Voice（ボイス）」というコーナーで、行政の視点から県の職員さんからケアラー月間事業の解説や、全国初の「ヤングケアラー支援条例」の制定に取り組んだ埼玉県入間市長に出演いただきました。さらには大学生たちにヤングケアラー支援をモチーフとした政策を発表してもらいました。

また、「コネクト（つなぐ）」コーナーとして、市民活動団体や、民間企業、地域のサロンとも中継でつながったりしました。

キャストたちのリビングを模したスタジオトークも盛り上がり、「つながりをデザインする」ことや「心のケア」について話が進展していきました。

エンディングでは、まとめトーク、メッセージエンディング動画で締めくくりました。

このフェスの開催のポイントを5つにまとめました。

①「**ターゲットは誰か**」

・埼玉県は、ケアラー支援の普及・啓発を目的として今年11月に全国初のケアラー月間を創設。その協力事業として開催。

・関係者だけでなく一般の方にケアラー支援について触れていただくと同時に、ケアラーやヤングケアラーという言葉を初めて聞く人たちが抱く疑問や思いに触れる。

②「**目的は何か**」

・ケアラー支援の普及・啓発。

・さらに、ケアラー支援条例の理念でもある「個人を尊重する社会、そしてそれを社会全体で支援していく」ために、みんなが支援資源であることを啓発するイベント。
・ぼんやりとでも根底にある課題（家族・社会）を共有できること。
・行政任せでなく、条例や法律ではつくれない、人との出会いやつながりをつくるモデル的な事業にする。

③「**自分たちが実施する理由**」
・啓発活動は、誰もが率先してやる世の中にしていきたい。
・成功するかしないかでなく、自分たちがやるかやらないかが肝心であり、小規模でも少人数でもいいので自発的に手づくりで開催してみる。

④「**学生が携わる理由**」
今回の運営に携わる学生たちは、ヤングケアラー支援をはじめとする現代の社会課題に向き合い活動してきた。

また、子どもたちのより良い環境づくりを目的とした「こども塾」や「こども食堂」などの事業や、合宿を通じて学び合い、気持ちも一つにしてきました。

今回の学生と元ヤングケアラーの方との手づくりであたたかいトークを通じて、親しみやすく、社会全体で支援する雰囲気をつくる。

⑤なぜムーミンか

なぜムーミンにこだわっているかというと、その物語に人を惹きつける魅力があるからです。

ムーミンとの出会いは、2018年11月のムーミンバレーパーク・メッツァビレッジのオープンです。県での視察、会派での視察、プライベート、イベント（婚活パーティーを主催）など、1年間のうちに4回行く中で徐々に魅力に引き込まれていきました。何度か足を運ぶ中で気づいたのは、女性にとても人気があることです。ちなみにケアラーのうち女性の占める割合は、8割近くにものぼります（埼玉県ケアラー実態調査）。

さらに、その年にはムーミンやサンタクロース発祥の国フィンランドにも行ったのです。私はお坊さんでもあり日本文化が大好きですが、あのほっこり感は人類共通で癒されます。国連調査では、フィンランドは幸福度世界一です。ネウボラという出産・育児支援の仕組みもフィンランド独自のもので世界的にも注目を受けました。経済協力開発機構（OECD）の調査では世界の総合教育ランキングでもフィンランドは世界一です。この幸福度目線が必要だと思ったのもムーミンのおかげです。

そしてとどめは、池袋の西武デパートでのムーミン展の告知ポスターを見たことです。そのキャッチフレーズ「わからない存在とわかりあえたら、新しい世界がひろがる。」に惹きつけられました。ムーミンのメッセージ性の素晴らしさを痛感し、その後、本会議やケアラー新聞でも取り上げていきます。

共生社会は、ありきたりな掛け声や、罰則等の法律だけではなし得ることができません。具現化には想いのこもった魅力あるメッセージが必要で、それが普及・啓発され、そして予算化され、教育され、やがて新しい社会の形がつくられると思っています。


以上のような、素人の集まりのフェスティバルは、一言で言えば「愛のイベント」となりました。お互いの想いで惹き合いながら実現しました。私の年代が口にするのは恥ずかしいくらいですが、この愛のパワーをもっと生かすこと、時代は愛の力を求めている感じがするのです。他人事、殺伐とした現代社会、また複雑化した社会問題が解決できない時代だからこそ、誰もが共感できる愛の力が必要です。

学生と作成したヤングケアラーの普及・啓発動画

世界を変えるには「急がば回れ」

世界を変えるというと大きなことのように聞こえますが、簡潔にいうと世間に普及啓発することだと思います。

当事者団体から「啓発とかはいいから、とにかく予算化してほしい！　普及宣伝に使うなら、お金を直接当事者に回してください」と言われる時があります。しかし、行政職員や議員の理解がなければ施策化、さらに世間の理解がなければ予算化することはできません。逆に問題が認知され意識が変われば、黙ってお金がついてくるのが政治の仕組みです。だからこそ普及啓発が大切なのです。まさに、急がば回れです。

ちなみに今年は、ケアラー支援条例の基本

理念でもある「社会全体で支援する」ために、全国行脚キャラバンを展開しています。経済フォーラム「YouthCare Summit（ユース・ケア・サミット）」も２０２３年秋に東京国際フォーラムで開催予定です。

わからない存在とわかりあえたら、新しい世界がひろがります。

第三節　立ちはだかる壁

固定観念

ケアラー支援条例の制定や支援に関する活動を進めていくにあたって、最大の壁は「固定観念」でした。

私たちの中にガチガチに固まっている固定観念はたくさんあります。例えば「憲法改正」。時代に合った内容に変えるという当たり前のことができない呪縛とも言える固定観念です。何を恐れてそこに踏み込めないのか。どこを変えるかという議論の前の段階で、変えること自体がダメだというのは思考停止以外何物でもありません。私たちは若くても歳を取っていても同じ国民です。18歳以上のすべての国民に責任がある。その責任から目を背けることができても、無関係ではいられません。

しかし、小学生でもわかる憲法前文の文法的間違いの修正を指摘すらできない。誰がどう見ても戦闘機なのに、軍ではなく自衛だと自ら暗示にかけているようにも思えます。憲法の議論をしたら、何かおかしなことが起こるのではないかという、まるで祟りを漠然と恐れる古代人のようにも見えます。知らないこと、向き合わないことから始まる差別や偏見と似たようなものに思えるのです。成熟した民主主義社会の国家として、自分を信用できない危うさ、主権を拒否しているこの状況と向き合う時に来ていると思います。

立体的思考

ケアラー支援に取り組み始めた当初、保守系の先輩からは「左の人がやる政策だよ」とも言われました。「そんなの偏見だ」と思いながらも、あるケアラー支援のイベントで講演をした際のスタッフの打ち上げで、「埼玉県議会はなぜ原発の再稼働を求める意見書を出したのか」と問いただされる場面がありました。この時、お互いの固定観念を強烈に感じたのです。「右派の人はこうだ、左派の人はこうだ」という固定観念が頭から抜けないので、思い込みや偏見で議論をしてしまうことがあるのです。

また、行政にも固定観念がありました。最近は「部局横断的」という言葉がよく使われるようになりました。しかし、現実には縦割り行政を壊すことは簡単ではありません。特に、既存の仕組みでは対応できないのがケアラー支援です。なぜなら、当事者の対象を問わず、ケアをしていれば皆ケアラーなわけですから（私から言わせてもらえれば、子育てもケアです）、行政の縦割りの構造で、ケアラー支援に取り組むには、複数部局が同時に同じイメージとパフォーマンスをしなければならない。しかしこれは、150年を迎えた埼玉県庁の体質では、これまでになかったことで非常に難しいのです。

だからこそ、前述した「コネクテッド型」の思考と取り組みに変えることが必要になります。

これからは、永田町・霞が関からの指示と予算を待っているだけの地方自治体ではダメです。国とも、自治体同士とも、隣の部署とも、市民とも、多方向につながり合って、柔軟で立体的な発想ができなければなりません。そのくらいケアラー支援は多方面にまたがる課題があり、逆を言えばケアラー支援こそ、取り組めば縦割りを打破できる重要なイシューなのです。

また、もう一つ忘れてならないのは「立体的支援」です。例えば、ヤングケアラーは支援される「かわいそうな存在」とレッテルを貼られてしまうと、現場は硬直化します。「かわいそう」と思っている大人に、どうやってヤングケアラーは心を開くというのでしょう。まずは周りの大人がヤングケアラーについて研修等で学び、次に学校などの講座で周りの先生や友達も学び、ヤングケアラーの周囲に理解している人を増やします。

また、横のつながりとして、ヤングケアラー同士がオンラインサロン等でつながり、安心して話せる場をつくります。心のケアの後は日々の生活のケア。徐々に国の予算も付き始めましたが、ヤングケアラーが日常で担っている家事や看病などをサポートする仕組みも出来始めました。また、要介護者の見守りを介護スタッフ等にお願いし、ケア自体を少しの時間だけお休みする「レスパイトケア」も拡充されています。一言でケアと言っても様々ですし、ケアしていることに対する考え方も人それぞれ。必要なサポートも異なります。だからこそ「立体的支援」が重要になってくるのです。

存在と時間

またもう一つ示したいのは、時間についてです。現代社会において、世の中があまりにも近視眼的になっていると思う時が度々あります。仏教が先祖の供養を大切にしているように、もっと長い目、広い視点で物事を捉えることが大事だと思います。

時間と当事者の立場で分けていたのが、これまでの縦割りと言われる行政の仕組みです。ケアが必要な赤ちゃんも時が経てば、元気で周りを支援できる元気な大人になる。また歳を取れば支援が必要なお年寄りになる。誰もがほぼ平等に支援し支援される立場であるということを、土台に据えるべきだということです。今の年齢ではなく、人生全体を見た上での仕組みづくりです。これは医療・福祉だけでなく、何にでも言えることです。

これは、私がケアラー支援と関わる中で気づいたことですが、ヤングケアラーは家族の世話や介護などを担う18歳未満の子どものことを指しますが、彼らの悩みや課題は18歳を過ぎたら急に解消されるわけではありません。そのまま課題は山積していますし、その頃から進学・就職・結婚など、様々なライフイベントと重なるタイミングで大変な時期です。それなのに、行政や社会がヤングケアラー支援ばかりに目が向いているとしたら、ケアラーの人生全体を見ていないことになります。どこかの年齢でパタッと途切れることのない支援が必要なのです。

あくまでも「ケアラー目線」

全国初の埼玉県ケアラー支援条例の効果の一つに、ケアラーという新しい概念を世の中に示したことが挙げられます。この「概念」を議会でご理解いただくまでに、時間を要しました。これまでは、障害や病気をもつ当事者＝被介護者への支援がメインでしたが、介護する人たちを支援するという、新しい視点であり概念です。以前に社会福祉審議会で行政の方から「ケアラー支援条例の視点から、介護者と被介護者それぞれの支援を両輪として支援していきます」という発言があったのですが、それは条例の理解の仕方として不十分です。ケア全体を見る、両輪として支援していくのは、もちろん良いことです。しかし、あくまでも「ケアラー支援条例」なので、「ケアラー目線」でなければならない。ケア全体を見るとなると、視点がぼやけて本質を見失ってしまいます。

条例の中に理念として明記しているのですが、一番大切なことは、ケアラー個人をしっかりと尊重すること、健康で文化的な生活が営めるようにすること。今まで社会は、介護や看護を家族に全部投げてきたのではないでしょうか。しかし今後は、家庭内だけの問題にせず、社会全体の問題として認識し、社会がしっかりと支援する必要があります。2000年の介護保険法は、いわゆる「介護の社会化」のためにつくられました。でもそれは主に高齢者介護に限ったことでした。ケアの社会化に不可欠なケアラー支援。この視点や概念は、これまでなかったものです。それを言語化することで問題に光を当て、初めて社会が認識し、社会全体で個人を支援する方向に進んでいけるのではないでしょうか。

壁を突破できた理由

多くのケアラーの方々の想いが詰まったケアラー支援条例ですが、なぜ全国初の条例を埼玉県でつくることができたのかについても少しお伝えしたいと思います。

それは、埼玉県議会には常に全国に先駆けて条例をつくろうというモチベーションがあったからです。約8割の地方議会が議員提案条例をつくっていない中、埼玉では常に条例化するべき課題はないかとアンテナを張っている希少な議会であると自負しています。

埼玉県ケアラー支援条例に関しては、2019年6月から、県議会の自民党会派がプロジェクトチームを立ち上げて条例案を検討。国内に事例がないため、メンバーの数人は、先進的な取り組みを行っているオーストラリアへ視察にも行きました。本件には県民からの強い要望や関連団体の方々からのサポートもあり、またパブリックコメントも多数頂戴しました。さらに議会事務局に法制に強い職員さんが多数いて、議員提案条例をつくりやすい環境が整っています。県民・議会・事務局、三者のモチベーションの高さが、全国初の条例を制定させる大きな原動力となり、条例は2020年3月に全会一致で成立。私はこの条例の提案者代表に抜擢いただき、本当に多くの皆さまのおかげで条例を成立させることができ心から感謝しています。

埼玉県でこれが叶ったのですから、ぜひ他の自治体でも、さらに国でも、様々な壁を乗り越えて、取り組みを進めてほしいと思っています。実際に埼玉県を皮切りに、2022年7月時点で11の自治体がケアラー支援条例を制定しています。これからも数多くの自治体で制定され、ケアラー支援の輪を広げていくために全国普及啓発キャラバンも展開中です。今、世の中が変わる息吹を感じています。

第４章　世界をひらく

第一節　これからの学び

大切なのは「教育」

これまで「社会全体で支援する」と申し上げてきましたが、言葉で言うほど簡単ではありません。埼玉県では、ケアラー支援条例をつくる以前に、「障害のある人もない人も全ての人が安心して暮らしていける共生社会づくり条例」というものをつくりましたが、実際には実現できていないことが多い。そもそも、障害があると特別支援学校へ通うことになり、「共に学ぶ」ことができていない。成人式も、障害のある人とない人が、一緒に参加している会場を見たことがありません。

社会の根本的な問題に踏み込む、新しい概念をつくるには、何より「教育」が大切です。「わからない存在」や「今まで気づいていなかった存在」に対して、見て見ぬふりをせず、積極的に一歩前に出られる人を育てる教育が必要です。例えばヤングケアラーが抱える課題を、それぞれの家庭内の問題として他人事に捉えるのではなく、社会の一人ひとりが問題と関わることで、一人ひとりに新しい世界が広がり、多様な社会になるということを、子どもたちにしっかり教えていきたい。そのような教育ができれば、言葉だけにとどまらない、本当の意味での「共生社会」をつくること、「社会全体」で支援することができていくのではないでしょうか。

具体的には、私は「ヤングケアラーハンドブック」を作成し、教科書として使うことを提言してきました。それが２０２１年度に具現化。埼玉県内すべての小・中・高校生にヤングケアラーハンドブックを配布できました。自分がケアラーだと気づき、孤立を防ぎ、スムーズに専門職とコミュニケーションが取れるツールとして活用しています。さらに、元ヤングケアラーや専門家を学校にお呼びして講演していただく、「ヤングケアラーサポートクラス」も２０２１年度から開講。児童生徒だけでなく、教職員や保護者の方々にもご参加いただき、ヤングケアラーへの理解を深める機会となっています。

これらの先進的な取り組みは、全国的にも注目をいただいており、地方自治体や地方議員からの問い合わせも多数いただいています。ケアラー支援において「教育」がいかに大切か、少しずつ浸透しているように感じています。

そこでこの第4章第1節では、これからの「教育」や「学び」について書いていきたいと思います。

目的のない場所

ケアラーの問題の根底には孤立化があると思われます。ケアをする主たる環境は家庭であり家族でありました。その家庭が縮小化しています。現在の日本の家庭の平均世帯内人数は2・2人で、東京では1・9人です。この孤立化がもたらす現代の様々な社会課題を解決するには、社会全体を家庭的にすることです。そのために、社会の中に「目的のない場所」が必要だと考えています。家庭や家族に目的や成果指標があるでしょうか。ただ「安心してほっとできる場所」が必要なのではないかと思うのです。特に、社会課題の根底にある「心のケア」などの目に見えないことに取り組むとは、そういうことだと思います。

神奈川県立田奈高校や大和東高校では、地域の人が中心となって学校の図書館にカフェを設けています。昼休みや放課後には音楽が流れ、甘いものを食べながら寛げる

宮代町立笠原小学校

場所です。また令和4年11月に視察に訪れた田奈高校では、朝食も提供していました。普段、PDCAなど目的を明確にして行動することを行政職員に求めている議員ですが、ヤングケアラー支援だけでなく、不登校、自殺などの社会課題を解決するには、心のコミュニケーションや目に見えない安心感を育むための「目的のない場所」が必要だと思います。

　ちなみに、私が住んでいるところの隣町には、余分な場所、無駄な場所がたくさんある宮代町立笠原小学校があります。景気が良かった時代に、予算を度外視して建設された校舎です。その学校には、直接教育に関係ないようなスペースがたくさんあります。ただ眺めが良さそうなので作ったスペースや、すべての教室内にある談話スペース、廊下にはほっこりとした腰掛けスペース、使用目的がわからないオブジェのような木製遊具もあります。校庭には意味不明な坂や迷路のような通路、木登り用の大きな木があります。教頭先生は、子どもたちが増えていることと、これらのスペースを自慢げに案内するのです。私にはどれも無駄でなく魅力的に見えました。目的がないからこそリラックスすることができたり、新しい会話や発想が生まれたり、友情を育むスペースになったり、そこに自分の居場所を見出す子がいるかもしれません。私たちにはその効果が見えていない（可視化されていない）だけで、目的のないものや無駄なものが必要とされているということだと思うのです。

貴重な架け橋

余裕や無駄の必要性の話をしましたが、学校や家庭に「目的のない場所」を新設できるほど、現在のケアの現場は余裕はありません。また、ヤングケアラーが多数存在することはわかっても、クラス内では少数派、共感してくれる友達がいる状況というのは稀かもしれません。

ではどうするか。私は「ヤングケアラーオンラインサロン」が非常に有効な場になると思います。ヤングケアラー同士がオンラインでつながることで、子ども同士で心のケアをし合う場となり、相互補完、支え合いのようなものが期待できると思います。

これは、これまでのケアに対する概念や、「支援する・支援される」という硬直した関係を、柔軟で希望のあるものにできると思いました。そしてオンラインをはじめとするテクノロジーは、孤独・孤立という大きな社会問題に対して解決の糸口になると思うのです。

ケアラー・ヤングケアラーは、共生社会に活躍できる貴重な存在だと思います。これまで健常者と障害者とに分けられてきた社会で、ケアラーはその中間に位置すると言ってもいいでしょう。分断社会の壁をとっぱらう〝架け橋〟となる貴重な人材と言えるのです。

立体化

私自身もオンラインサロンを立ち上げており、よく高校生と意見交換しています。オンライン上では、参加者同士のネットワークが生まれ、どんどんと伝播していくことも体感しました。このオンラインでのつながりは、指数関数的に広がっていくと思います。

私はかねてより「ケアラーが集えるようなサロンを1，000か所に増やしたい」と言ってきました。ただ、それはリアルのサロン数であり、オンラインを入れれば県内に1万サロンはできるのではないかと思うのです。県内には少なくとも2万人以上のヤングケアラーがいて、約1万人以上が支援を必要としているからです。

先ほど「ヤングケアラー同士で相互に補完する」と書きました。加えて、オンラインサロンは、孤立化し見過ごされがちな家庭内でのケアの状況を、オンライン上で外へ発信してくれる〝ケアラー支援の目や口〟になってくれると思うのです。見えないケアの現場の声を、ヤングケアラーから発信してもらうことで、家庭内に封じ込められてきた課題が、家庭の外へ顕在化する。まさに、「ヤングケアラーは支援される側」という硬直化したものを解きほぐしてくれます。ちなみに私はこれを「支援の立体化」と呼んでいます。これは、支援する支援されるというような二元論的なものの見方ではなく、相互補完があったり、多様な作用や考え方を大事にし、立体的なものの見方にするということです。立体的農業や立体的教育など、これからの社会構造のスタンダードにしていけたらと思います。

「足りないもの」に気づいているか

現代の日本社会に足りないものとして、コミュニティや絆がよく挙げられます。昔はそれを優先しすぎて、日本人は主体性がないと言われていました。日本では、空気を読まず自己主張ばかりしていれば白い目で見られてしまう。学校でも集団生活が強調されます。しかし、皆仲良くするように教育しておきながら、受験や経済活動では熾烈な競争が行われています。いくら絆を大切にしても、偏差値の高い大学を出なければ、大手企業には就職できません。皆と仲良くさえすれば、正しく生きられるというわけでもありません。学校は一つのベクトルしか教えられていないことが多いです。実際に日本の教育現場では、宗教や政治としっかりと向き合い、教えることができません。また、世の中には恋愛や量子力学など難しいことはたくさんあります。人類が答えを出せていない謎もたくさんあります。

そこで参考にしていただきたいのが、仏教にある考え方です。一見矛盾した両極の思想を同時に持つことが仏教の「中道」の教えです。例えば、論理的に一方を否定することは簡単です。しかし、そこに矛盾はありませんが解決につながるとは限りません。さらに、「多様な教育」や「豊かな教育」と言うのは簡単ですが、矛盾、不確実性、不安、心というものと向き合う社会や教育にするにはどうすべきなのでしょうか。その辺りをこれから説明していきたいと思います。

疲弊する学校

学校はブラック企業だなんて言われることがあります。中学教諭6割が過労死ライン、月80時間超相当の残業、土日の部活動などが問題となっています。先生たちが過酷な勤務状況にあるということは、子どもの教育上、悪影響があることは言うまでもありません。さらに学校の環境の変化に伴い、その中身も複雑化し、様々な対応が求められています。いじめや不登校、若者の自殺の問題も深刻です。またこれまで家庭の問題とされてきた虐待や、6人に1人は経済的に支援が必要とされている子どもの貧困の問題。また、注意欠陥・多動性障害の子たちは1993年度の1万人余りから20年で8倍に増え、これを症状ごとに個別に対応しているわけですから、授業運営も大変です。さらに近年では国際化が進み、外国人生徒数は過去10年で1.6倍。日本語能力が十分でなく、日本の生活に適応していない生徒を個別に指導するのも学校の仕事です。以前、地元の学校の校長室でお話をしていたら、お昼頃、校長室に二人のアラブ系の生徒たちが来て、先生が棚からコーランだと思われる宗教儀式の道具を手渡していたのを見たことがあります。その後どこかでお祈りをしたのでしょう。このように、国や宗教ごとの生活習慣にも対応していかなければならないのです。

また別の角度から教員の負担を見てみると、２０１５年１月の大阪高裁による判決で、部活動で生徒が熱中症になり、兵庫県に２億３７００万円の賠償命令が下る事件がありました。事故当時、顧問は出張中で、練習中に倒れた生徒さんは、一時心肺停止、低酸素脳症になり、今も寝たきりで、わずかな意思相通はできますが話すことはできず、両親の介護を受けているそうです。安全配慮義務違反ということでした。様々な見解はあるでしょうが、いずれにしても教員の責任は重いのです。

学校が硬直化している

これだけ教育環境が変化している中で、その指導体制は硬直化しています。国が示す教育指導要領に従い、県の教育委員会から各市町村の教育委員会へ指示が行き、さらに学校現場に示されるという旧態依然としたやり方は、現場に負担と疲労を与える大きな要因になっていると思います。

体にたとえれば、硬直化すれば怪我をしやすくなる。予防するためにはストレッチや適度な運動で柔軟性や基礎体力を整えておくことが必要です。では、教育のストレッチとは何か。これは子どもや先生だけのことではなく、教育に対して「みんな」で協力すること。具体的に言えば、いろいろな「先生」をつくり、多様な人材を活用するということです。教育大学を卒業した教員は20代中盤にして担任となります。何十人もの子どもたちや保護者と向き合うことは大変であると同時に、児童に与える影響も当然大きい。経済、医療、農業、政治や宗教まで、私たちの生活や世界のことを教えるには、多様な人材が必要ですし、教員同士も学び補い合える仕組みにしていくことが望ましいはずです。

これまでの学校は、平均的な底上げを得意とし、年相応の学びを提供してきた「日本型教育」を行ってきました。しかし現代は、従来の学歴偏向社会は終焉を迎えようとしていますし、仕事やライフスタイル、人生観はかなり変化し多様になりました。

これからの時代は、「答えのない答えを探す力」、「正解のない世界を生きる力」を養うことがより重要になってきます。教育は何のためにあるのか、学校は何のために行くのかという原点に戻る時であり、人生を幸せに感じ、社会や世界を知り、己を知ること、恵みに感謝できる、それはすなわち生きる価値や意味がわかる教育です。人間社会を社会全体で良くしていこうと思えること、法を重んじられること、そのために心の自由と平和を学ぶことが教育の目的だと思います。この原点に立ち帰れば、具体的にどのような教育にすべきか自然と答えは出てきます。

誰が子育てするか

以前、大学生との討論会を主催した時、「子どもは3歳まで親が育てるべきかどうか」と学生に問いかけてみました。結果は半々。私は叶うのであればぜひ親が育てるべきだと考えますが、「自分も0歳から保育所で育ちました」という学生の声は印象的でした。「三つ子の魂百まで」と言われるように、人間は3歳になるまでに人格の根幹を形成すると言われています。以前、子育て環境の視察でフィンランドに行ったのですが、ワークライフバランス先進国では育児休業制度が充実していたので、0歳児保育の受け入れをほとんどしていませんでした。フィンランド国内には800の「ネウボラ」という出産から子育ての支援体制があります。保健師1人当たり年間50人の妊婦を担当し、出産後の家庭の相談に応じていました。フィンランドの首都ヘルシンキでは、女性のほとんどがフルタイムで働く男女共同参画の先進国でありながら合計特殊出生率は1・8（日本1・42）、学力でも世界1位でありながらテストがない独自の教育方法をしていました。

一方で、ここまで社会が子育てに力を入れるということは、社会が子どもの面倒を見てくれるということでもあり、この手厚い支援が社会に離婚をもたらしました。フィンランドの離婚率は50％を超えています。どちらが望ましいのかという単純な問題ではありません。その国や風習、その時代に合ったものを見出さなければいけない。これは、インドのカレーと日本のカレー、どちらが美味しいカレーかと聞いているようなもので、実際には湿度の高いところでは日本の方が、低いところではインドのカレーが美味しいと感じる実験結果があるのを聞いたことがあります。子育てや教育において最も大事なのは、それぞれの国や地域で、みんな（社会全体）で協力し合い、環境に合った最良の策を見出すことです。

10年で2倍

「生まれてくる赤ちゃんが障害児だったら」。親は誰もが考えたことがあるかと思います。近年、発達障害の子どもが増えていると言われています。平成24年の文科省の調査では、小中学校の担任の先生が児童・生徒の行動を見て、「支援が必要である」と答えた割合は６・５％。埼玉県では10・７％、１クラスに３から４人ということになります。

また、特別支援教育を受ける子どもが増えています。２０１６年10月現在、３４３０教室が不足していることが文科省の調べでわかりました。特別支援学校の小中学校の１学級は、６人が上限で、重複障害の場合は３人。幼稚部から高等部までの在籍者は２０１５年に13万８千人で、10年間で１・３６倍。医療的ケア児は、平成19年の３，３６８人から10年後の平成29年には５，６８７人に増加しました。私が議員になって最初の視察地は医療的ケア児の現場で、１人のケア児に年間２，０００万円がかかると説明され、様々な意味でショックを受けたのを憶えています。

特に知的障害のある子が増え、障害児全体の９割を占めています。比較的障害の軽い子が通う小中学校の特別支援学級の在籍者も２０１５年に20万１千人で、10年で約

2倍になりました。増えた背景は、医療の進歩や障害の診断が普及（診断されると支援が得られる教育を望む保護者が増えたから）などです。

世界は分けてもわからない

障害を持った子が増えていると書きましたが、最近は「発達障害児」「アスペルガー」「高機能自閉症」など、細かく分けすぎています。医学的、学術的研究しているわけではありませんが、子どもたちの日常生活に、細分化したものがそこまで必要であるか疑問です。

私たち人類は、物事を「分ける」ことで認識の精度を上げていく動物です。右・左、前・後、大・小から始まり、より細かい違いを浮かび上がらせ、差別化することで理解を深めてきたとされています。「わかる」は「分ける」からきている。物事をよくわかっていることを「分別がある」というように使っています。

平均的な行動から外れたことをする子どもを「発達障害」と分ける。さらにその中から「アスペルガー」「高機能自閉症」など細かく分けることで、より深く理解していると思ってきたのです。しかし、細分化しすぎては全体が見えなくなります。人間や世界は本来分けられていません。その子の全体、すなわちその子の人生を見る目を失うことにもなりかねません。分けて問題が解決したかと言えばそうでもありません。そもそも何を目指して分けているのかという原点に戻る時なのです。

これからの社会は「分けない」考え方が必要だと思います。すなわち「ひとつ」にすることです。あらゆるものは生きている限り、ひとときも休まず変化しています。仏教でいう「諸行無常」です。この世界のあらゆるものは変化し続け、お互いに関連し、すべてがつながり合っているということです。私たち人類は、様々な分野で定義づけと細分化を繰り返し、理解してきたつもりですが、根本的な問題の解決がされていない現状を見ると、「世界は分けてもわからない」ということに気づく時です。

近年の子育て・教育環境において率直に感じることの一つに、特別支援学校などで障害児を完全に分けてきたことです。様々な議論はありますが、結果的に子どもたちの視野と社会の視野を狭めてしまったのではないかということです。成人式もいわゆる健常者だけで行っているのが現状です。ともに成人を祝い、ともに生きていくことは、当たり前のことではないでしょうか。

学校はどこへ行くのか

近年の教育環境が変化していることは言うまでもありませんが、いま埼玉県では学校の留守電化が進んでいます。すなわち、先生は夕方、もう学校にいないのです。「いまのところ苦情はない」「緊急時には対応できる体制になっている」というのが学校側の回答です。今の学校にはスクールカウンセラー、ソーシャルワーカー、支援員、相談員と、私が子どもの頃にはいらっしゃらなかった方々が学校を応援し、教員を支援する体制が強化されています。最近では部活指導員、さらにスクールサポートスタッフという支援メンバーもいます。教員の負担軽減が叫ばれる中で、様々な人が学校を支援していくことは良いことです。しかし、留守電となると、学校そのものの役割を変えていくことにもなりかねません。夕方の学校が存在しないことを意味しています。

近年、学校と地域が一体となって運営し、盛り上げる「コミュニティスクール（学校運営協議会制度）」が話題となりました。その運営はまだまだ手探り中ですが、学校と地域によって新しい取り組み、新しい学校の概念ができるのではないかと期待を抱いています。しかし、本気でコミュニティスクールを拡大させるのであれば、夕方や土日をはじめ、もっと学校を開放すべきだと思います。現状では留守電の閉店ガラガラ。やっていることが反対のようにも思えるのです。

私は、ＰＴＡの役員もやっていますが、夜の会合は学校ではできません。終了まで教員が残っていなければならず、教員に負担をかけたくないという暗黙の配慮からです。先生の負担は理解できますが、学校の管理をすべて教員に背負わせていることから起こる発想です。学校の本当の経営者は誰なのでしょうか。学校はどこへ行くのでしょうか。

新しい学校

現在の教育環境は、留守電などで学校の範囲は縮小、家庭も核家族化などで縮小、一方、地域では、ヤングケアラー支援、学童クラブ、こども食堂、私のこども塾のような学校外の教育活動が期待されています。

むしろこれまでは、学校役割が大きすぎました。任せすぎたことで教員負担は増え続けました。このような多様な時代だからこそ子どもたちを相対的にバランスよく支えなければならないと思うのです。
これまでもこれからも学校の役割は変わらないと行政は言います。しかし、教員の増員もできない、留守電もするでは、これまでの学校の役割と責任を果たすことは難しいと思います。多様な教育のニーズがある中で、学校の先生は限界にきている。そこで学校をさらに専門職で支援する仕組みや、学校を開放して地域の幅広い支援をいただきながら学校を支えていく。バランスをとりながら、全体として教育環境を維持できれば、それぞれの役割は移りゆくものでいいと思うのです。

そして、私はいっそのこと学校を一時閉店してしまうことをお勧めします。これまでの学校像を維持しようとしていることが、無理に24時間営業を続けているコンビニにように見えてきます。コンビニは24時間が当たり前と思っているのは固定観念で、24時間営業でなくても充分コンビニエンス（便利）だと思います。その地域やニーズに合わせていかないと、経営が悪化し、従業員が疲弊してしまうことは目に見えています。学校も、教育をするのは学校でなければならないという固定観念を捨てて、広く柔軟に教育をすべき時にきていると思うのです。

以前、学生たちと「ネイチャーハウス」という政策を作りました。簡単にいうと、これまでの学校を維持するために、教員以外の人たちでいかに学校を応援するかという政策で、学校だけではこれまでの教育はできないと割り切って、子どもたちを学校の外に出すのです。そこは地域だけでなく第二の故郷のような町、特に過疎化した子どものいない町に一時的に移住しながら学ぶのです。様々な交流から人材の育成、さらには地域の経済活動につながると思います。私たちが子どもの頃に経験した林間学校の長期バージョンです。海のない埼玉県であれば、沿岸の地域で海の環境で学ぶ。オンラインも加われば、かなり効率的に教育プログラムも作ることができるはずです。そして先生は、全国各地の人だけでなく自然や歴史、目に見えない様々なものが先生となり学校となります。

私は、子ども会の会長もしていますが、これらの礎となるような事業を展開したいと考えています。

日本が誇る寺子屋

私は高校の頃から「生きる意味」に関心がありました。前述した10代の頃の修行などの経験から、社会への関心、そして人材育成への想いが芽生えていきます。その時記したメモは日記のようなものですが、かなりの量になっています。一枚の写真から、一粒の石ころから無限のつながりを感じる世界に希望をもったものです。その頃の多感な自分と重ねて、私は、インターンの大学生たちと人材育成の活動をするようになりました。

人材育成は普遍的な重要性があることは誰もが認めることと思いますが、海外に行くとさらに痛感させられます。日本の東大が遠く及ばない、その何倍もの長い歴史を持つ世界の名門大学が、オーラを出してそびえ立っています。その国や歴代の偉人たちの実績に支えられたアカデミックな雰囲気と町との一体感は圧巻です。以前、スコットランドのエジンバラ大学に行った時、「ダーウィンもここで学んでいました」と聞き、歴史の深さに圧倒されました。

日本の大学の歴史では太刀打ちできないと思いましたが、その大学群に隣接する教会を見た時、ふと日本の歴史には寺子屋があることを思い出しました。西洋の大学も元をたどればみな神学校です。日本には西洋も驚くほどの歴史と仏教2500年の歴史がつまっています。寺子屋なら太刀打ちできる！　競うものではありませんが、寺子屋の価値を再確認できた瞬間でした。

新しい学びをつくる

写真をご覧ください。私は地域の方々と、小学生対象の「きらきら☆寺子屋こども塾」を運営しています。私たちが目指しているのは、年齢や障害の有無を問わず、地域の子どもと大人が同じ時を過ごし、様々なことが学び合える豊かな拠点。分類と効率化の中で進められてきた学校教育とは真逆の環境です。心がけていることは、講師は、大学生や教員ＯＢでやり、現役の学校の先生に負担をかけないことや、学校ではできないような授業を展開することです。

どんな塾なのかというと、例えば、大学生が小学生に教える化学の授業。もちろん失敗もしますが、一緒になってあれこれ考え話し合いながら進めていきます。また、写真にあるように、車をキャンバスに見立て自由に色を塗るアートの授業です。ちなみにこの車は私の政治活動用の宣伝車なので乗れなくなってしまいました。よく見ると、この車にはプロペラがついているのですが、子どもたちは真剣に「先生、これ飛べるのか？」と聞いてくるので、「まだ飛べないから、飛べるようにしてくれ」と答えます。そしてこのカリキュラムでは、なぜ飛行機が空を飛べるのかという話から、物理も教えます。その他、英語や数学の大切さや必要性を肌で実感してもらう授業。さらには、地元の工務店さんの木の廃材でオブジェを作る授業では「幸せ」をテーマに、大人と子どもが一生懸命に創作しました。

すべての授業に共通しているのは、興味・面白さ・つながりを教えていること。子どもたちは、まさに目をキラキラさせて勉強しています。一方、学んでいるのは子どもたちばかりではありません。授業をする大学生や大人たちも、教えることで学びがあったり、喜びを感じたり、豊かな時間を過ごしています。「教える・教わる」という二元論ではなく、「学び合う」「喜び合う」時間になっているのです。まさに立体的です。ちなみにこの子ども塾、チラシなど一切置いていませんが、ネット申込みの受付開始から数時間で満席になります。地域には多様なスキルをもった人材がたくさんいらっしゃいます。一方で、学校現場では人材不足に困っています。ケアの分野では地域包括とよく言われる昨今ですが、いまこの時代に必要なアイデアがたくさん詰まっている「包括的な学び場」なのです。

責任は希望

地域の大人たちが子どもたちに教える機会は、ローカルなコミュニティがあった昔は普通に行われていたことだと思います。しかし、核家族や地域のつながりが薄れると、あらためて場をつくらないと、育む機会がほとんどないのが現状です。

寺子屋　化学の授業

寺子屋　アートの授業

私の祖母は地元の女子高（女学校）を卒業後、すぐに地元の小学校の先生になりました。歳も大して変わらない先生と児童の間で教育が育まれていきました。70年の時が経ち、地域のおじいちゃんおばあちゃんから、「あなたのおばあちゃんには本当にかわいがってもらったのよ」と嬉しそうに話していただくのを聞くと、もう一度こうした若い世代が教え、地域で育み合う場を築いてみたいと思うようになったのです。

前回の子ども塾では、大学1年生のいぶき先生が『経済』、ゆい先生は『コミュニケーション』を教えました。一生懸命になって教える19歳の躍動する姿と、夢中に学ぶ姿が、成長と感動を生み出していました。

元々明治の頃に分教場だったうちのお寺。何年も前に亡くなった私の祖母が、若くなって私の前に現れたように思えて、何とも言えないものが込み上げてきました。

学習も躾も自主性も協調性も、そして愛情も、地域で育み合えるものです。責任をもたせれば、子どもだけでなく、誰もが成長します。責任とは協調であり、協働であり、共生です。逆に責任のなすりつけ合いから戦争が起き、社会は荒廃していきます。そして現代は無責任、無関心な社会に行き着きました。

それでは、私たちはこれからどんな社会を目指し、何をすれば良いのでしょうか。

第二節　「ひとつ」の世界

SDGsへの疑問

なんとなく綺麗に聞こえる「SDGs（持続可能な開発目標）」ですが、冷静に見れば、人類を持続させるための「欲」と言っても過言ではありません。SDGsというと、地球や環境を守るための目標のように映りますが、持続可能にしたいのは「人類社会」なのです。

人類社会はコロナ禍で当初、ウイルスを撲滅させる方法しか見出すことができませんでした。一連の人類の対応を見ると本質的な共存・共生は不可能にも思えてきます。聞こえの良い「共生」という言葉ですが、人類の持続のために他なりません。

地球にしてみれば、人類は質の悪いウイルスで、むしろ私たちを撲滅させたいと思うかもしれません。コロナのふり見て、我がふり直せ、と地球が言っているようにも思えます。世の中にはたくさんのウイルスが無限にあり、これからも姿かたちを変えて生きています。倒すという方向では解決できず、共存しなければならないという現実を知ることになりました。元来よりウイルスは人と共にあったということ。そして厳密にこの世からなくすことは不可能ということ。なぜなら、この世にまったくの無から生まれるものや、完全に消滅するものはない、すべてはつながっているということです。

子どもの頃、土いじりをしているとアリやハチなどの昆虫は脳みそがないのにどうしてテキパキと行動しているのか不思議でした。大群の中で人格のようなひとつの集合体を形成し生きている。子どもながら直感で自分たち人類に特別な正当性はないと感じました。だからこそ生きるのだと感じたものです。人は何のために生きているのか。それは生きるために生きているのです。脳を持たないハチも、大脳を持つ人間も、共に持つ本能です。

足るを知る

今回のコロナ対策で問題となったのは、まず医療整備体制であり、感染者に対する措置と感染拡大を防ぐことが最重要課題でした。そして次に問題となったのは経済支援。お客が来ないことや人の移動が制限される中で飲食店や旅行業者は直撃を受け、その他の業種にも広がって行きました。そのような中で、どの業種のどのような状況の事業所までを支援すべきかという判断に迫られました。

特に問題になったのは病院でした。外出を自粛したことで病気になる人が減り、感染のリスクを考えて通院を控えたことで、外来や入院患者が減少したのです。一般のサービス業と差別するわけではありませんが、ことに命に直結する医療業界ということで特別な問題となりました。

しかしここで気づかされるのは、実はそこまで病院は必要ではないのではないかということです。医師などの適正な人数に関しては、有識者に助言や、議会の承認が必要かもしれませんが、最終的に過不足を決めるのはやはり納税者である私たちです。全国で人口当たりの医師数が最も少ないと言われる埼玉県は、議会でも医師確保の問題がよく取り上げられてきました。近年、子どもの医療費が無償化されたことで鼻水を垂らしただけでも医者に診てもらうようになりました。無料なのだから見てもらわなければ損だ、という意識が働いてくる。病院のたらい回しや待ち時間から医者が足りないと叫び、不満を行政にぶつける。結局は税金だから自分たちのお金であり、それを上げているのは自分たちの声であるということです。

人材不足の問題は介護でも同様で、介護士不足という問題が深刻化しています。介護現場はすでに崩壊寸前です。何かトラブルや間違いを起こすとすぐに訴えられてしまいます。現場が限界に達すると事件が起きる。環境や処遇改善に税金がさらに使われる。巡り巡ってその受益者である消費者の税で責任をとることになっているのです。これまで足りないとされてきた、医師、介護士、保育士、農業者は、本当に足りないのでしょうか。正確に言うと、どこで足りないとするかの問題です。同時に、私たちがどう関わるかということです。

人間の根源的な喜び

私は、子育てや農業、介護などにもっと関われる生活にすべきで、政治はその仕組みをつくる時だと思います。高齢者が高いお金を払って老人ホームに入所し、認知症予防なのかお手玉やおはじきをしている現場を見ることがありますが、率直に面白そうには見えないのです。もっと太陽の光を浴び、土をいじり、自分が食べる分の農作物を育て、健康維持する方がよほど自然だし、社会経済の観点からも生産的です。それぞれが隔離され分断していては、支援する人もされる人も社会全体が見えなくなり、やりがいもなくなってしまうのです。いくつもの研究で農業者の健康については語られていますが、私の周りでも確かに農家は高齢になっても元気です。これまでは産業としての農業という意味でしか議論されてきませんでした。しかし、医療費の削減をはじめ福祉の観点からも、農を暮らしに取り込む本格的な仕組みを構築する時だと思います。

時々、保守系議員さんの中で、「ケアラー支援のような福祉政策は無尽蔵にお金がかかる」というマイナスの固定観念をお持ちの方がいます。確かに、日本の2023年度予算案は一般会計で114兆円と過去最大。社会保障費や国債費などの膨張が大きく、成長につながる政策的経費は3割にとどまり、成長が鈍れば税収も低迷するという負の連鎖になるのではと危惧されています。しかし、年間10万人が介護離職している現状を支援せずに、労働生産性やGDPの向上はあり得ません。健康寿命を延ばすこと、さらに家族内のケアでケアラーの人生を疲弊させないことが、社会や国を健全で元気にさせる礎《いしずえ》を築くことになるのです。

ケアラー支援は経済政策

最近、ヤングケアラーという言葉が社会に認識され始め、ケアする人は、子どもから働く世代など、様々な世代で負担になっている実態が顕在化されました。ヤングケアラーをはじめとするケアラー支援策にしっかりと取り組むことが、子ども達や働く世代を躍動させ、やがて経済の好循環をもたらすという社会全体と未来を見据える視野の広さが求められています。特に、付加価値を生む仕事が求められている現代において、その教育や育成、働く人材への投資的経費が日本の経済成長の鍵を握ると思います。

例えば、日本の農業は近年、儲からない兼業農家が主になり支えてきました。その時代も終わりを迎えましたが、これは土地に対する想いと食べ物を育てる営みを残しておきたいという本能のようなものがあったように思えます。私のお寺でも以前は畑があり、祖母が鍬をもち耕す姿を懐かしく憶えています。子育てと同じで生き物が育つプロセスを知り、関わり、手入れをすることは人間の根源的な喜びだと思うのです。選挙に落選し浪人中の挨拶回りの時、ある農家のお父さんから言われたことを思い出します。「子どもへの虐待が問題になっているが、もう少し農に関われば悩まなくてすむのにな」。

時代は兼業農家をなくす方向ですが、私はむしろ現代版の兼業農家をもっと増やした方がいいと思います。それが日本の生活習慣に合っているように思えるし、子育てや教育、またメンタルヘルスケアなど様々な分野においての解決策を自然から教われると思うからです。これも言わば人材への投資的経費であり、ケアラー支援でもあり、ひいては経済政策の一端を担うと思います。そして何よりも「土から小さな芽が出て膨らんで、花が咲いて実がなる」というのは、誰もが嬉しいものです。

縮こまった現代に必要なもの

私たち人間の3歳までの記憶は、ほとんど残っていないことが多いです。しかし無意識のような世界である幼少時代だからこそ大切だと誰もが直感的に思います。幼児教育が重視される昨今ですが、人間が作り出したものばかりでなく、もっと土や海に触れ、目の前の世界をリアルに実感できることが大切だと思います。そうすることで、生きることや、いずれ死ぬということ、そしてすべてがつながっているという当たり前のことを理屈ではなく、直接体感することができるからです。

現代の会社員が休職する理由は精神疾患が多いそうです。さらに休職する社員が多い業種は金融とＩＴ。頭脳と体のバランスが崩れているのかもしれません。以前、農家の人に、農業の一番の魅力は何かと聞いたことがあります。すると「朝露の中、キュウリを収穫する時の心地よさは何とも言えない」と静かに自信を持って答えてくださいました。生きる意味が十二分に詰まっている。それだけ。一人一人が互いに依存し支え合い、一体的に世界を生きている。シンプルでいいなと思いました。

現代は、自然から離れ人工的になることで、世界が小さくなってしまいました。人工のものが増えれば、自然への畏敬も薄れていくのは当然です。いわば縮こまった思考が、そのままその人の世界となっていく。例えば、学校の教室の空間だけが世界と思ってしまい、仮にいじめなどあったときはすぐに追い詰められてしまう。実際にはもっと世界は広く、不思議で、未知なるもので、一体的であるものです。頭と体、都市と地方、人工と自然、意識と無意識（霊域）等々、もっとバランスよく一緒にすることが大切です。

そして、世界に自分の命がつながっていることを感じながら生きる。経済の中で投資が循環するように、学びの中で希望が循環し、農の中で生命が循環し、介護の中で人生が循環し、生きる活力が生まれてくるのです。すると、今の幸せを実感することができます。

例えば、日本はすでに97％の人たちが農業と関わりのない世界を生きていますが、みんなで農をやれば様々なものが循環していきます。循環すると何が良いかというと、目に見えないパワーが生まれてきます。それは人生の活力であり、生活のリズムであり、やがて経済の活力ともなるでしょう。

作付けは一人に限らず、家族で、ご近所で、仲間で関われるだけの可能な範囲でやる。「兼業農家」というものでなくても、家庭菜園程度の「関係農家」でもいいのです。従来の現代の農業が機械化によりどんどんコストがかかるようになったことで不採算の悪循環に陥りましたが、いままで農をやってこなかった大多数の小さな参入によって、農だけでなく社会や人々の人生に新しいものが芽吹き、色々な問題を解決してくれると思うのです。

そしてこれからの生活は、地域経済圏で農とエネルギーの一部を自給し、さらに教育をしっかりとしたものにすれば、そこそこの所得でも十分な生活を送ることができると思います。日本は地方と中小企業に支えられています。都市や大企業のスマートなスタイルは今後も発展していくと思いますが、それ以上に、地方での働き方や人の移動、生活スタイルや価値観は今後さらに変わっていきます。都市と地方との関係が変化し、多様な仕事や居住が増え、様々なチャンスと可能性が広がると予想していきます。そんな時代に農は、健康から食、観光、経済、そして幸せ、と様々なものを実らせてくれるでしょう。

私がなし得ているのではない

小学生への質問のようですが、生物と機械の違いはなんでしょうか。私たちが生きるために欠かせない食べ物は、どんなに加工されていても元々は生き物です。私たちは生き物から生成されたもの以外は食べることができません。即ち生き物の体の一部が私たちの体の一部となっているということ。私は子どもの頃、あの逞しい和牛が草しか食べないのになぜ大きな肉体になるのか不思議でなりませんでした。草しか食べないのにたくさんの牛乳が生まれる。草からどうして肉や乳になるのか、不思議なことです。この世には自分に見えていないものがいっぱいあるのだろうと思いました。

食べ物は命です。命は単にエネルギーになるだけでなく、私たちの体そのものになる。そうやって取り込まれる他の生き物たちもまた同様に生き物を取り込み、水や太陽といった自然の力と一体となり生きてきました。まさに私たちは自然や他の生き物と循環や連鎖をして、完全に共に生きているということです。

現代はこうした自然との一体性に無頓着になり、世界そのものが平面的で小さくなりました。そこをまた立体的で一体感のある世界に戻すことが必要だと思うのです。そのためには、農や介護、子育て、障害、学びをもっと身近な生活にバランスよく組み込んでいくこと。それは、縦軸と横軸のようなもので、それぞれを編み込むように、立体的に、柔らかく強く生きるということです。それにはこれまで分断されてきたそれぞれをもう一度かき混ぜる仕組みが必要です。今どきにたとえれば、農業アプリで関係農家になることや、子育てから介護までの様々なケアをみんなでできる仕組みにしたり、障害児と普通に自然に一緒に学ぶ場があるということ、月一の座禅の時間があるということ。これらは社会を一体的にし、人生を実りあるものにします。

しかし現代は一体となることが難しくなっています。それは、まず社会のコミュニティや家族という基礎単位が揺らいでいるからです。人は、周りとの関わりの中で自分というものを作ってきました。もし近くに他人がいなければ、アイデンティティや生きる意味さえ見出すことができないでしょう。もう一度この「関係」というものが時代のテーマとなるのではないでしょうか。「ソーシャルデザイン」という言葉が使われるようになりましたが、もう一度「関係」を社会が求めているのです。自然に関わり、学校を開放し、そしてケアに関わる。その第一歩として、社会全体でケアと関われる仕組みとしてケアラー支援条例が必要だったのです。

私と、私以外

私が20歳くらいの頃、オウム真理教による事件が起きました。そのときのあるお坊さんの言葉を憶えています。「オウム真理教の事件は、日本の仏教界が関与したわけではないが、あまりにも関わらなかったからこそ起きた事件ではないか」。いかに生きるべきかという若者の問いに、お坊さんは答えていたのか、社会は受けとめられていたのか、ともに話し合える場所があったかどうか。社会を一つの教室としたとき、先生や仲間がいじめに気づかず、見過ごしているような無関心な状態に似ていたのではないでしょうか。無関心でいられても、無関係ではいられないのが世の中です。

座禅をしばらくすると実感することがあります。「自分」と思い込んでいる私は、実は自分ではないということです。自分がもっとつながっているというか、自分が広がっていく感覚が生まれてくるのです。修行とは、一言でいえばこれまでの小さな自分を手放すことで、もっと広い世界を体感させることです。当たり前だった普通の自分が、実は引きこもり状態であったことに気づき、それまでの自分の世界観が一つの思い込みであることに気づかされるのです。

例えば、自分の意志で死ぬことができる人はいません。それができないのは、首から下の自分は生きたいと思っているからです。実は呼吸ひとつ自由にならないのが自分の体です。考えてみると自分でコントロールできるものはほとんど何もないのが「私」というものです。自分が管理していると勘違いしているのです。「私」というものは、もっととてつもなく全体的であり、私と世界は完全に一体的です。これは禅として遙か昔から実践されてきており、瞑想や黙想は人類共通にあり続け、いつの世も人を落ち着かせてきました。

祖母が教えてくれたこと

選挙には「票読み」というものがあります。自分の名前を書いてくれる、確実な票を見積もっていくわけです。根拠のない票は積むことができません。自分の実力、人脈、総合力がさらけ出されることになり、自分の無力さを痛感したりするわけです。投票箱には「吉良英敏」と書かれますが、私が直接お願いしたものは一部で、多くは他の方の信用や義理で積み上がっていくものです。それは、政治活動用（普段から自由に貼れるポスター）のポスター貼りでもわかります。最初の選挙はほとんどが父親の顔と信頼で貼らせていただきました。また、農家の方の票はほとんどが祖父の関係から頂いたものです。

ちなみに、地元の農業高校で41年間勤め上げた祖父は、高校の名物先生でした。何が有名って、授業をしないことで有名でした。その時のことを地域のおじいちゃんたちが笑いながら話してくれました。1時間まったく教科書を開かないで、とにかく世間話をして笑わせるのだそうです。私が物心ついた頃には退職し、近所のおばあちゃんたちをとんちの効いた話で笑わせていました。福島県三春町の山奥の農家の次男坊で生まれ、埼玉のお寺に小坊主で入った祖父は苦学しながら、今で言う大検を受けて夜間大学に通い教員資格を取ります。やがて私のお寺に婿として入るわけです。

祖母からは信心と忍耐を教わりました。凛とした腰の据わった祖母は大正生まれながらタバコをたしなむ粋な人でした。よく村の旦那衆にお酌のように「お一つどうぞ」とタバコを勧めていたのを思い出します。地元の学校の教員を経て、地域の婦人会の会長も務めていたしっかり者の祖母と、毎晩一緒に本堂の仏様に手を合わせました。そして最も教わったことが忍耐です。我慢することの大切さと、その美学を教わりました。ばちが当たること、戦争のこと、言葉や人生に力強さがありました。そしてよく褒めて頭をなでてくれました。

その気丈溢れる祖母が認知症になり、大柄な祖母が小さくなり、やがて言葉が話せなくなりました。それでも祖母の存在すべてで私に大切なものを教えてくれたように思えます。それは、生きることのかけがえのなさ。この世のあらゆる苦しみ悲しみが世界の幸せの礎であり、世の中のすべてがつながっていることであり、何一つ無駄なことがないということでした。それは、すべておいて相互に関係している世の中であり、すべては愛すべきものであるということでした。

床に横たわる祖母の微笑みの中に、私の生涯でこれまで愛したものや感動したものの一切があると感じられたのです。

NOと言う必要がない日本人

私の父は住職でありながら、子どものためにクリスマスパーティーを盛大にやってくれたり、サンタクロースにもなってくれました。私は普通の家庭と同様にクリスマスツリーとプレゼントを毎年楽しみにしていました。私は結婚する時、妻に結婚式は好きなようにやっていいよと言ったら、「チャペルでも挙げてみたい」と言われました。さすがにそれは止めることにしましたが、この曖昧なところが寛容性や世界観の広さになっているとも感じます。キリスト教もイスラム教もユダヤ教も一神教。世界各地で教徒たちは絶えず喧嘩をしています。日本の仏教はというと、仏さまは一人ではないし、神道も崇めますし、ましてや即身成仏という誰もが仏になるという考え方もあります。仏心と言って、仏はすでに万人に宿っているものだと言っています。神道でも万物に神宿るとする八百万《やおよろず》の神《かみ》があります。

日本人は曖昧で、NOと言えない、自己主張がないと言われますが、これも神道や仏教観からくるものです。短所は長所でもあるものです。曖昧さは柔軟性であり、NOと言えないのではなく、言う必要がない、自己主張する必要がないのが日本人的感覚と言えます。あらためて宗教も必要でありませんでした。日本ほどキリスト教が根付かなかった国も珍しいです。それは、すでに一休であり、すでにあったからです。
ただし今の時代はどうでしょうか。

日本の学校と宗教

海外の学校を視察して気づかされることは、日本の学校は勉強だけをする所ではないということです。海外の場合は、靴がバラバラに脱がれ、その辺で寝そべり、服装や生活リズムもとても自由です。それに対し日本の学校は、給食の時も、部活動も、姿勢や礼節のような人間形成が入ってくる。

私の娘が通う公立の小学校では給食の前に「自然の恵みと人々の働きに感謝して謹んで命の素を頂きます」と言いますし、片付けも大切な作業として行います。私の頃は残すと「もったいない」と叱られるのは当たり前の光景でした。自分たちが使っているトイレ、部室、道場、グランドも掃除をすることも大切なこととして教わりました。まさに禅の修行に似ています。

海外では、掃除などは用務員の仕事です。先生も当然やらない。役割分担が明確です。海外のクラブ活動では親は手伝いませんが、日本の学校は常に先生、生徒、親、地域が絡み合う総力戦です。

私が中学生の頃は、武道場はもちろんのこと野球部などもグランドを出入りするときに一礼をしていました。日本人が海外選手のグランドで十字を切る姿に異文化を感じるように、海外の人からするときっと何に一礼をしているのか不思議に思うことでしょう。お互いの畏敬、歴史、神、先祖からその空間そのものすべてひっくるめて礼をしているのが日本人です。

二〇二〇年の東京オリンピックでは空手が種目になりました。柔道でもそうですが、この時の「お互いに礼」は意味がわかると思いますが、「正面に礼」の意味が外国人に伝わっているだろうかと思う時があります。正面は審判長や来賓に対してではなく神前に向けてのものです。剣道では「神前に礼」とはっきり言います。「正面に礼」というのは、各国の宗教性に配慮して「正面」という使い方にしていると思います。

この空間に礼をする感覚が日本の神的なもの。対象が明確でなく、日本人も明確によくわからないもの。この曖昧なままなのが日本人の寛容性であり、包容力であり、神的な世界です。

そう考えると日本の学校は勉強のみをする所ではないということが自然にわかってきます。日本の世界観は、掃除の姿勢に人生を見ます。政治家の駅頭に社会を、座禅の一呼吸に永遠を観るわけです。言い換えるならば、どの世界にもすべてを観て、一体となれることです。

日本の空気

特に信仰心を自覚しなくても、日本では学校の教室やトイレを自分たちできちんと掃除をします。靴をそろえないとなんとなく罪悪感を感じるのが日本人です。外国人から見れば修行僧や刑務所のように見えるかもしれません。以前、地元地域で不法投棄が問題となり禁止の看板やフェンス、ダミーの防犯カメラを設置したこともありましたが、そのうちの一つの対策に、小さな手作りの鳥居を設置したことです。「ばちが当たる」というどこかでなにかがつながっている感覚が日本人にはある。

これは、仕事と余暇の線引きがない日本人の生活にも見ることができます。業績だけでなく掃除などを含めたものが仕事として評価されたり、社員同士の付き合いも大切にする。それは地域での付き合いでも同様で、生活全体がつながりお互い様という感覚があるからです。一昔前は、会社と家の境界線も曖昧なものでした。

また、主語がなくても通じるのが日本語です。いわゆる阿吽《あうん》の呼吸です。あえて言う必要もない。その分ひと際、その場の空気や流れを大切にし、空気を読めない人をＫＹとして馬鹿にするのが日本の空気感でもあります。「おかげさまで」とか「お天道様がみている」というようなつながりの感覚や習慣も独特で、「ごちそうさま」などのあらゆるものに感謝の気持ちを大切にする。そこには、生かされている一体感があり、それがご先祖様、神様仏様、自然に対する畏敬の姿勢に表れています。「共生」とよく言われるようになりましたが、日本人こそ共生の感覚がすでに備わっていたと思います。最近ではそれほどではありませんが、結婚式の価値観もそうです。あくまで二人の契約と考える欧米に対して、一族の祝い、先祖に感謝、子々孫々までの幸せだとして盛大に執り行われていた一昔前の日本の結婚式は、家族や連帯を重んじる風土からきています。

境界がない国

日本の伝統的な家屋はつい最近まで襖《ふすま》や障子で仕切られているだけでした。それを開けると一つの空間になりました。ソーシャルディスタンスやパーソナルスペースという個人としての基本的な空間は様々なことの基礎になります。親と子の関係、仕事とプライベート、さらには今と昔、自分と世の中、生と死、これらそれぞれの距離感と関係性が世界観となります。

本来、日本人の境界線はほとんどなかったのだと思います。これは八百万《やおよろず》の神の文化に象徴されています。仏教はどの宗派も天皇を奉っていますし、聖武天皇が大仏を建立したように、天皇も寺院を建立しています。まさに神も仏も一体であり、元々共生の国であったのです。

最近の日本人は「愛、絆、感謝、おもいやり」を口にしなければならなくなりました。さらに「生きていること」を確認しなければならない時代でもあります。座禅の基本は「今」を意識することにあります。私はどこにいるのか、何者なのか、現代は迷いの時代とも言えるかもしれませんが、日本人は元来そういう言葉を口にする必要もなかったのです。

日本家屋の変化と併せて生活も変わりました。私たちの精神は日頃の生活に直結しており、その生活様式の変化は精神にも大きく影響するわけです。いわゆる欧米型の個人主義が浸透し、これまで自分だけの時間をつかってこなかった私たちはどうしたらよいのか、子どもたちにどのように海外的主体性を教えたらいいのか戸惑い、それを理解していない日本の若者は自己の表現に戸惑う。外国から日本人が子どもっぽく見えてしまうのもそのせいかもしれません。

赤い糸が見える国

ではどうするのか。やはり日本本来の一体的な生活に還るべきだと思います。ましてや日本国の歴史は世界でも独自の伝統と精神性を築いてきました。私たちは自分の中と、社会の中に、日本らしい一体的空間を取り戻すときだと思います。むしろそれを海外に、人類に発信すべきだと思います。資本主義や民主主義をはじめとして、あらゆる所で人類共通に行き詰まり感が否めない現代において、本来日本が持つ寛容性と一体感のある世界観は、人類社会の希望となるように思えてならないのです。

ではどこにそんな一体的な空間があるのでしょうか。

日本全国の小学校の数は2万校弱で中学校は約1万校ですが、実はお寺は7万7千か寺あり、神社と合わせると約16万か所もあります。すでにその場所はあるのです。もう一度お寺などが本来の拠り所の場として開かれることが望ましいです。さらに、学校やそれ以外の場所でも、一体的な日本の智慧を奥ゆかしく礼をもって教え、共に過ごせる場をつくることです。自分の生活の中にその一体的な時間を、社会の中にその寛容な空間をつくることです。


あらためて座禅をしていると、世界がひとつであることを感じます。境界線がなくなり、「私」という当たり前な意識も曖昧になります。同時に、すべてがつながっていることを実感します。

仏教では日常生活が大切。これはご縁の国である日本の社会に今も根付いています。赤い糸が見える日本人は、無限のつながりからなるこの一体感を確実に持っていると思います。

仏教の「どう生きるか」は、西洋からすると哲学の領域です。真言宗の開祖である弘法大師空海は即身成仏を説きました。即身成仏とは、字のごとく、我が身そのまま仏になれる、誰もがブッタとなることができるということです。このある意味、何でもありの状態を「空《くう》の世界」と言います。空とは「世界と一体」となることであり、あらゆる境界線がないことです。

例えば、政治的視点で見れば、責任を共有できる社会とも言えます。即ち、「罪を憎んで人を憎まず」の考え方です。あいつが悪い！　で終わらせず、なぜ彼は罪を犯してしまったのか、その動機を背景である私たちの社会が作ってしまったとする考え方です。

日本人は近年「絆」や「つながり」を言うようになりましたが、それまでは言う必要がなかったのだと思います。昔は襖一枚のみで仕切られていた家も、村社会も気になることがありませんでした。この半世紀で中途半端に西洋の価値観をいいとこ取りしたことで、これまでの日本的コミュニティが煩わしくなってしまいました。

「愛、平和、自由」という言葉もそれに近いと思います。「愛しています」なんて、少し前の日本人は言いません。行動と空気で伝えきれたものです。そもそも日本人独自の自由の観念は、様々な境界や区別から離れること、即ちすべてを自分とする世界観です。それは、自分があると同時に自分がない状態とも言えるでしょう。いずれにしても自分と関係ないものがなくなるわけですから、日常生活のすべてを大切にします。

仏教ではすべての教えにこの一体観があります。だから仏教では無駄なものがありません。この感性は一流の社長が会社を掃除したり、政治家が朝の駅頭を実施し、周りが称賛する価値観に表れています。

「ひとつ」の世界

ここまで「一体的」という言葉を多用してきましたが、ぜひ皆さんの身近な生活を見てみてください。そこには世界とひとつとなることを感じられる瞬間があると思います。

私は短時間で時々ですが、瞑想する時間が好きです。私の瞑想とは、はたから見るとぼうっとしている感じと考え事をしている中間のような感じです。何をするわけでもない空っぽな感じであり、一体感を感じる少し不思議なときです。

具体的にはこんな時に「ひとつ」を感じます。皆さんはいかがですか？

・朝、駅前でチラシを配る時、社会と自分の一体感を感じる
・山や海に行った時の心地良さ、山に溶け込む感じ
・自分が流れに乗る、いなくなる、埋没する心地良さ
・自分の考えに固執しなかった時（自分から離れた瞬間）

「ひとつ」を感じた時、いかに境界線というものが曖昧であるかに気づいた方もいらっしゃるのではないでしょうか。また、あなたと私は別人だけれど、あなたが隣にいることで私がつくられているということに気づかされます。

最近、仏事をしていると子どもや若者の参列が少なくなったと感じます。ある通夜の晩、若者や子どもの姿がないので聞いてみると、「入試が近いので……」との返答が返ってきました。確かに試験は大切ですが、一生に二度とない家族のお通夜に立ち

会えない。子どもは大事なつながりの機会に立ち会えない。日常生活から死がなくなっている。何か寸断されているものを感じました。

私が子どもの頃あたりから、人生の晩年は病院や介護施設で過ごすことが当たり前になりました。そして現代は、死だけでなく老いや病も私たちの身近な生活からなくなってきているのです。

仏教では「生死不二《しょうじふに》」と言って、生と死は別々ではなく一緒であると説きます。生は死に支えられているということです。相互に依存している一対の関係です。支えを失った生はあっけなく倒れていく。健康は病に、成長は老いに支えられているとも言えます。すると幸せを支えているものが何であるかが見えてこないでしょうか。

私たちは直接的に「生きている」と実感することが少なくなりました。例えば、介護の現場、お葬式など、老いや病や死などから離れて生活をするようになった結果、生きるということにも鈍くなっているのです。これらに目を背けてしまいたい気持ちもわかりますが、自分の死に無関心でいられても無関係にはなれません。生き物は必ず死ぬのですから。

生きるとは死ぬということです。

安心して一人を歩め

人生は孤独です。当たり前ですが、生まれるということ、お腹がすくこと、好きになること、子どもたちに禅の心を伝えること、人に尽くすこと、幸せに気づくこと、涙がながれること、なんの変哲もないこと、全く変わらないこと、同時に常に変化しているということ、世界はすべてそのままあります。

赤ちゃんの無邪気な笑顔は、やがて孤独に死ぬことを意味しています。ですが、私は、それを幸せだと感じます。私たちはこういった世界と一体で「ひとつ」だからです。

私は今後ホスピスの活動を広げていきたいなと思っています。これは本来、お坊さんだけでなく、日本人が普通にやってきたことです。支援することも、慰めることも必要なく、一緒にいてあげること。またこうした自然な心が育まれることが社会の幸せになります。「ともにあること」これが本来の「支援」の形。私たちの幸せです。

日本人はなによりもつながり、ご縁を大切にしてきた民です。世界も、生死も一体で「ひとつ」です。しかるに、あるがまま、そのまま、でよいのです。

私は、あなたの中に、私をみるということ。
あなたは、あなたでなくてもよい、ということ。
私はこれからも「世界がひとつ」であることを広めていきたいと思います。

第三節　デジタル・ケアタウン構想

座禅とテクノロジー

前節で「ひとつ」の世界についてご紹介しましたが、では具体的にどのような政策を進めていけば、「ひとつ」の世界をつくっていけるのでしょうか。

まず、取り組む姿勢に関しては、第１章でも取り上げた「座禅」にヒントがあります。私が掲げている座禅の心得は、「姿勢・呼吸・心」の３つを整えることです。「姿勢を整える」とは、人生の方向性を正すことであり、いつの時代も普遍的なことです。

「呼吸を整える」とは、今、ここに生きていることを実感することそのものです。今さえよければいいというのではなく、今が肝心で最も大切であり、そこに修行の究極があります。

最後に「心を整える」とは、まさに「ひとつ」を感じることです。「無」や「空」とも言われる、どこにも境界を持たない世界。人生もまちづくりも、大切なことは同じです。「姿勢・呼吸・心」を整えることは、人生を豊かにし、世界を幸せにすることでしょう。

「ひとつ」の世界をつくるのに重要な鍵となるのが「テクノロジー」です。テクノロジーを使って、新たなつながりをつくっていけば、様々な課題が解決できると考えています。さらに行政の縦割りや地域割り、様々な課題の共通項である孤独・孤立も、そして、私たちの固定観念で硬直化した思考回路を柔軟に再構築する推進力となります。

私はこれを『デジタル・ケアタウン構想』と名付けており、その構造は「コネクテッド型（自律分散型）」の思考です。そこから新しく時代に合った社会が始まると考えています。

何が手に入るか

世界的に大きな注目を浴びているメタバースなどのバーチャル（仮想空間）。多くの多国籍企業が参入を表明し、今後これらによって巨大経済圏が生まれ、その市場は２０２８年に１００兆円規模へ拡大するという予測もあるほどです。

昔、神のみが成せるはずだった「世界をつくる」ことが、バーチャル（仮想空間）を通じてあなたの手で、あなただけの世界をつくれるようになる。どんな世界でも描き創造することができる。まだ世間全体としてはピンときていないかもしれませんが、実はとんでもない時代がやってきています。

テクノロジーは過去にも様々な既得権益を民主化してきました。例えばマスコミです。紙で情報を発信していた時代は、ニュース現場で取材して情報発信できるのは、ほぼマスコミに限られていましたが、ＳＮＳ時代の今は、誰もがそれを通じて一瞬にして情報を拡散できます。むしろマスコミが個人のＳＮＳを追いかける構図に逆転しました。これからの時代、この逆転現象が様々な業界で起こっていくでしょう。例えば、コロナ禍に広まったオンライン授業。１人の先生が35人に「教える・教わる」という構図が崩れたのではないでしょうか。教える先生は１人で、何千人・何万人の児童・生徒が同時に授業を受けられるようになりました。そもそも先生は日本人である必要がなく、世界最先端の研究をしている外国の教授から授業が受けられる環境になっています。また、プログラミングを教わるなら、大人から教わるよりも、プログラミングが得意な子ども同士で教え合った方が高度な学習ができるかもしれません。さらに言えば、教えてくれる先生は実在する必要がなく、AIロボットでもいいわけです。まさに『ドラえもん』の世界です。テクノロジーは、35人という数の限界を超え、年代を超え、国境をも軽々と越えていくのです。

テクノロジーによって自由を手に入れた世界では、従来の「遠い」、「混む」などの人数や時間が関係なくなります。病院や遊園地の待ち時間も自由自在にできる。足りないと言われていた、人口、お金、医療資源などは、メタバースの世界では「コピペ」ができます。

これらは現実的な話として受け入れがたいかもしれませんが、実はバーチャル世界は今に始まった話ではありません。例えば、家族で食事をしながらも、子どもはスマホに夢中という光景を目にすることがあります。その時の子どもたちは、このリアル空間にいないのと同じです。

　また、自分よりＡＩを信じる時代が来ることも間違いありません。人の運転よりも自動運転が安全安心になる日もすぐそこまで来ています。例えば、歩き方を10秒観察するだけで、健康状態や寿命がわかる時代になってきています。

　さらに、意外にも早くタイムトラベルができるようになりそうです。リアルとバーチャルの境界がなくなってくるということは、メタバースで簡単にタイムトラベルができるようになるということです。まずデータの蓄積から、本当に過去に戻れることができるようになり、同時に未来にも行けるようになるでしょう。すべてのテレビ番組を2週間分録画する機能がそれに少し近いかもしれません。番組を見逃すことがなくなり、利便性を感じている方も少なくないことでしょう。まさにボタン一つでタイムトラベルできる時代の到来です。

3次元、4次元の世界へ

　バーチャルの世界で日本のビジネスが活躍するための重要なポイントは、「コンテンツ力」だと思います。それは、キャラクターなどを通じて世界を作りきる構想力です。コンテンツというと、響きが良く、若者に夢と希望を与えるでしょう。諸外国の図書館の書棚には、日本の漫画がいくつも所蔵されているほど、日本のアニメ・漫画は世界的に価値があります。コンテンツには、キャラクターをはじめ、その世界観を作り上げる構想力が必要です。

バーチャルの世界は、3次元の世界。2次元だったアニメから、3次元へスケールアップするわけです。これからどんな3次元コンテンツが登場するのか楽しみであり、ぜひ日本がリードしたいものです。

実は、縦割り行政も同じです。行政を2次元でやっていると、いつまで経っても中央集権国家から抜け出せません。国↓都道府県↓市町村という流れで指示が下りてくるのを待っているだけ。県は国の出先機関なんて言われることがあったり、役所ではとなりの部署の仕事は共有しない。そんな2次元的なやり方は、もうこれからの時代には合いません。これからは3次元的な「コネクテッド型」の自律分散的な行政が必要になってきます。役所同士が横でつながって良い施策を真似したり、部署ごとの壁をなくして一緒に目標を達成したり、市民の意見を吸い上げて一緒に政策を実現したり、テクノロジーを通じて思考回路もパフォーマンスも進化させることができます。

ちなみに、皆さんも使われているプラットフォーム型のインターネットサービスは、コネクテッド型のように見えて、実は非常に中央集権的なサービスです。自由に3次元の世界を使えているようで、ルールが変更になった決定事項がよくメールで届きますし、ユーザーはシステムを変更することができません。実は2次元的な世界なのです。

それでは、これまでの2次元から、メタバースのそれが3次元の世界で、さらにその先、4次元目の世界とは何でしょうか。それがこれまでお伝えしている「ひとつ」の世界です。すべての境がなくなり、一体化されている世界。仏教で言うと、悟りの状態です。

3次元のメタバースは自由に世界を作れるいわゆる「神の領域」です。この世界は、コンテンツを作ったり見たりし、現実世界と仮想世界との融合型で参画型です。テクノロジーを駆使してすべての境界をなくし、最大の社会課題である孤立や孤独、心のケアなどを行い、一人ひとりが輝く「ひとつ」の社会を目指すことが可能です。

ちなみに、4次元の「ひとつ」の世界は、人称自体がなくなる次元と言えるでしょう。4次元は主体が変化するというよりなくなるイメージ。自分の中にあなたという存在が含まれる世界。自分と世界が一体な世界。それが「ひとつ」であるということです。

テクノロジーの本質

テクノロジーは、人間生活を拡張させてきました。私が社会人になった時もmixiがありました。今やツイッター、インスタグラム、TikTokなど、様々な交流ツールがあります。知らない人と簡単に交流ができる時代になりました。またアカウントは一人でいくつも作れるわけですから、一人で何人も演じることができる。ツールによっては、その人は実在するのか、架空の人物なのかわからなくなる状況も普通になりました。そしてAIがさらに進めば、「バーチャル友人」から「バーチャル家族」「バーチャル国家」の時代が来るでしょう。

スマホの機能が加速度的に進化し、時計、メガネ、指輪にコンパクト化されつつあり、いずれは体内チップになるかもしれません。いずれにしても、どんどん人間の体の一部になっていきます。頭の中がもっとバーチャルになっていくのも当然のことでしょう。

架空のネコ型ロボットと友達になったり、お医者さんも学校の先生もドライバーも生身の人間では物足りなさが出てきたりする時代が、すぐ目の前まで来ています。きっと、教育、医療、福祉、政治など、肝心な場面での曖昧な部分がより洗練されていきます。様々なデータの蓄積から、良いものと悪いものが可視化されていきます。たまたま優秀な教員や腕の良い医師に出会えたということはなくなり、出会う以前にスキルや信用力などの評価が可視化されて会うことになります。これは、評価の悪い教員や医師は淘汰されていくことを意味します。必ずしもリアルな医師でなくてもいいわけで、法律さえ変えてしまえば、人間でなくても手術ができる日はそう遠くはないでしょう。逆に、データで解析しにくいアートや余暇など、曖昧で中途半端なものが魅力を放ち、数値化されないものの価値は際立つでしょう。

テクノロジーは、私たちの力を倍増させ、移動を速くし、知能を拡張させていきます。そして私たちの世界そのものを広げていきます。仮想通貨はすでに出現していますが、これから仮想人口、仮装家族、仮想自治体も現れるでしょう。現実の社会課題と向き合うのが政治の仕事ですが、仮想空間を含めた最先端のテクノロジーを併用していくことは、これからの社会課題を解決する最速の方法だと思います。

仮想と宇宙

バーチャルの存在感はこれからますます増していき、あっという間に浸透していくと思われますが、ここまでお読みいただいて「仮想」にまだピンと来ない方もいらっしゃるかもしれません。

実は、私たちは元々仮想の世界に住んでいます。言うなれば、私たちの脳内、知能の世界は仮想です。例えば、紙幣を単なる紙と思わずその価値を感じたり、目に見えない国家や宗教などを信じたり、恐れたりと、様々に想像し、社会で共有してきました。人類は仮想し想像することによって繁栄してきた動物なのです。ゆえに、仮想家族、仮想人口、仮想自治体が生まれることも、その延長線上にあるということです。

社会課題によってテクノロジーは進展していきます。例えば、糖尿病や生活習慣病に効く痩せる薬、ケアラーの問題に対しても、遠隔医療や、遠隔による介護や看護ができるようになる。エネルギー問題にしても、いずれ宇宙太陽光発電が可能になり無線送電もできるようになるでしょう。

　私が子どもの頃は宇宙ロケットに夢を膨らませました。大人になったらロケットでかなり遠くまで行けるだろうと。人間以外の友達ができるだろうと。中学生・高校生の頃は、宇宙の成り立ちについて大変興味がありました。当時のお小遣いでは高めの値段でしたが、科学雑誌『Newton』を毎月買って大事に持っていたことを思い出します。その頃読んだ宇宙論は、ビックバンやブラックホールまで、無から成り立つイメージを丁寧に図解してくれました。当時、イギリスの理論物理学者であるホーキング博士によると、宇宙は一つではなく複数の宇宙が併存していると言うのです。難解とされる理論でしたが、図があったのでなんとなく理解でき、リラックスして考えると当たり前のようにも思えました。人間の認識や考え方がいろいろあるのと同じで、いろいろな宇宙や世界があると。

　そして、宇宙空間も仮想空間も同じように思えるのです。私たち人類が、宇宙空間に未来と夢を求め、また仮想空間に求めるものも、同じものではないでしょうか。

仮想世界がもたらすもの

近年話題のメタバースは、映画やゲームなどと人生が融合する世界であり、現実と仮想の境界がなくなっていくような感じです。簡単に有名人になれるなど、夢が容易に実現できるので、むしろ欲望はもっと先を求め、具体的になり、より洗練されるでしょう。自分だけの世界をみんなが創造できるということは、いわば神だらけのやりたい放題になるということです。一方で、世界を自由自在に操れるように思えて、実はＡＩが社会を自動生成していくので、個人の意思や理想とは関係なく物事が進み続ける世界になります。そしていずれ、いわゆるシンギュラリティ（技術的特異点）が来ます。18世紀の産業革命に匹敵する地殻変動が、仮想空間にはあるということです。

こう書いていくと、しっちゃかめっちゃかで、むしろマイナスな印象をもたれるかもしれませんが、プラスの面もたくさんあります。例えば、寝たきりの人がバーチャルの世界ではどこへでも旅行することができます。世界中のケアラー同士がつながって、悩みを共有しながら、世界のケアの違いを疑似体験することもできるでしょう。孤立に悩んでいた人が、趣味の合う仲間を簡単に見つけて、一緒にその趣味を体験できます。いじめられている子は学校へ行く必要がなくなり、バーチャルの世界で体験しながら学べるものになるでしょう。いろいろな可能性が想像できます。

このように、ＡＩ、ビッグデータ、メタバースなどのテクノロジーを社会課題の解決に活かしていくのが、私が唱えている『デジタル・ケアタウン構想』です。〝温かいデジタル〟とも呼んでいます。

デジタル・ケアタウン構想の可能性

バーチャル（仮想空間）では、アバターによって容姿や出自などをリセットできます。しかし、そこで何が己で、ここはいつどこで、本当に大切なものは何か、というように存在と時間に向き合うことになります。そうすると私たちの限界が見えてきます。「人間は同時に二つのことはできない」ということです。アバターが何人いても、今の自分は１人だけ。多重人格・多重世界への入口に立たされた私たちは、「今ここ」と向き合う時なのです。だからこそ、「今さえ良ければいい」ではなく、「今を良くしなければいけない」のです。

コンビニに行くときはすっぴんだが、オンラインミーティングに参加する時はお化粧をする。そんなことはないでしょうか？　どちらの空間をメインとするかは、その時々で変化します。お葬式にいながらスマホばかりやっている子どもを見ると、そこに存在しないようなものです。本人は別の世界にいるのです。今後、仮想世界の台頭とともに、現実世界の価値と時間が少なくなっていくでしょう。いずれリアルとバーチャルの境界がなくなります。「現実世界」という感覚がなくなる日も来るでしょう。

それなら、デジタルを最大限活かし、困っている人、悩んでいる人たちを助けたい。学校と社会の間に境界があるなら、支援する人と支援される人に境界があるなら、自治体間に境界を感じるなら、テクノロジーの力を使ってなくしていきましょう。そもそも境界なんて曖昧なもので、それこそバーチャルなものです。介護、孤立、引きこもり、格差など、社会課題に境界はなく、むしろ様々な要因が複雑に絡み合っています。だからこそ、みんなが関わっており、みんなが支援資源。もっと周りの人を頼っていい。助けてみたら、むしろ自分の心が救われたりもする。『デジタル・ケアタウン構想』とは、既存の境界を溶かして、絡み合った課題をほどき、新たなつながりをつくっていく構想です。

デジタル・ケアタウン構想の中身とは

では『デジタル・ケアタウン構想』とは、具体的にどんな中身なのか、イメージを記していきます。

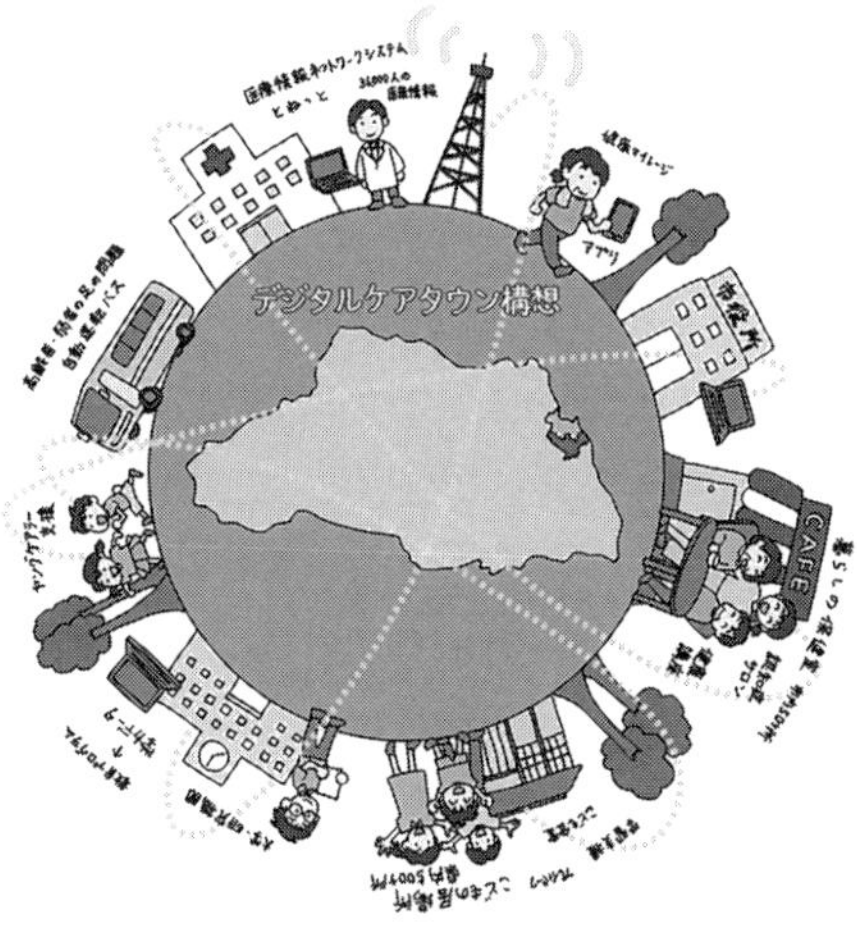

デジタル・ケアタウン構想

例えば、埼玉県にはいくつか先進的な情報共有システムがあるのでご紹介したいと思います。

一つ目は地域医療情報共有ネットワークシステム『とねっと』です。埼玉利根医療圏（加須市、行田市、久喜市、幸手市、白岡市、蓮田市、羽生市、杉戸町、宮代町）の各医療機関や施設がネットワークでつながり、健康情報、病名や各検査結果、投薬の状況、アレルギー情報に至るまで患者情報を共有します。これにより、救急搬送時に患者情報が瞬時にわかったり、いろいろな病院にかかった時に何度も同じ検査をせずに済んだりとメリットがあります。そもそも埼玉県の利根医療圏は、10万人当たりの医師の数が県内で最も少なかったため、データ共有によって効率的な医療を提供することが当初の目的でした。ちなみに、全国で最も10万人当たりの医師数が少ないのが埼玉県です。

二つ目は、『埼玉県コバトン健康マイレージ』という事業をこの10年取り組んでいます。県民の健康情報を蓄積させ、データ分析することで健康をより可視化させていくという取り組みです。

三つ目は、教育分野ですが、『埼玉県学力・学習状況調査』のデータ活用事業です。子どもたちの学力の伸びをデータ化し、どういう状況だと学力が向上・低下するのかなどを分析しています。全国の小中学生にタブレットとネット環境の整備する、いわゆるGIGAスクール構想も本格化しており、ますます子どもたちの学習状況が数値によって計れるようになっていきます。今後は、ある子どもの学力が低下した際に、教員の指導力不足によるものなのか、健康状態が悪いからなのか、ヤングケアラーなど生活環境からなのか、原因を調べ状況を改善することも可能になるでしょう。医療と教育、関係ないように見えて、縦割りを超えて、コンディション全体を可視化できれば、健康から学力までベストパフォーマンスを導き出すことができます。

上記の3つは、どれもデータを活用して、県民の健康で豊かな暮らしを築くことにつながります。これからの時代は、データを活用することで個別最適化させ、幸福度目線で生活や人生全体を見据えた社会サービスを提供することができるでしょう。

しかし、当然データだけではすべての課題をカバーすることはできません。特に高齢者は、ＩＴに弱い場合が多いからです。それを補完するのは、やはり対面での交流です。

これがうまくいっている例として、埼玉県幸手市と杉戸町の『暮らしの保健室』があります。病院に行くほどではない健康の悩み、誰に相談すればいいかわからない生活上の悩みを話す場所です。保健室という名称ではありますが、私のお寺や、喫茶店、工務店など様々な場所で開催されています。看護師などの専門職が参加する場合が多く、医療機関につなげる場合もあれば、医療機関の負担を減らす効果もあります。やはり対面で相談できる場があるというのは、なんとも安心できるものです。

そのための移動を可能にするのが自動運転です。過疎地域のお年寄り、少子化の地域では、移動が切実な問題になっています。買物難民、医療難民、など言われて久しいですが、こういったこともデジタル・ケアタウンでは一体的に進めていくという構想です。

暮らしの保健室の健康体操風景（私のお寺）

『デジタル・ケアタウン構想』は、デジタルデータと、オンラインの交流と、対面の交流、すべてをコネクテッド型につなぎ合わせた構想です。社会課題ごと、地域ごと、支援対象ごと、部局ごとといった、これまでの縦割り、地域割りを取り払い、立体的につなげる世界です。

まず『とねっと』をはじめとする情報の共有化と蓄積で可能となることをわかりやすくモデル化し実証・実装させていきながら、社会全体に広めていきたいです。ちなみに『とねっと』の素晴らしいところは、病院側も患者側も、ネットワークに参加するか否かは個別に決められるということです。個人情報を共有するか否かは自分で決められ、データを共有すればそこに新しいネットワーク＝世界が生まれ、新しい利便性が生まれます。現実世界のつながりや居場所を大切にしながら、その他の健康や教育、福祉、移動のデータをネットワーク化することで、個人と社会とのつながりや居場所が数倍に増え、様々な課題の共通項でもある孤独・孤立も解消されていくでしょう。

近い将来は、自動運転システムや、介護ロボット、遠隔ケアなど、まさにテクノロジーを活用しながら、これまでの重く負担となっていたケアの常識を変えてゆくものとなるでしょう。オンライン、データ活用、テクノロジーによって、みんなでケアする「ひとつ」の世界が近づいてきたように感じるのは私だけでしょうか。

2025年　一億総介護社会を見据えて

２０２５年問題をご存知でしょうか。２０２５年には約８００万人いる団塊の世代が後期高齢者となり、国民の４人に１人が後期高齢者という超高齢化社会を迎えます。これにより、ケアを必要とする高齢者とケアを支える人材の需給バランスが大きく崩れようとしています。いざ介護が必要になって介護保険制度を使いたくても、介護サービスが受けられず、家族の誰かが介護離職を選択せざるを得ない状況になるかもしれません。介護や看護は、ある日突然始まります。ケアラー支援の問題は、もうすべての国民が無関係ではいられない状況なのです。

ただ、このまま２０２５年を迎えてしまえば、ケアに苦しむ人がますます増えてしまうことが目に見えています。だから今こそ、社会を変えなければならないのです。「死・老い・ケア・介護」といった言葉にマイナスイメージをもっている方が多いのではないでしょうか？　また、「介護は家族の中でやるべき」「介護は嫁がやること」

という固定観念はないでしょうか？　まずは、私たちの視野を広げる必要があります。死はすべての人に訪れるもの。生態系において死は一部の事象に過ぎません。介護は嫁がすべきと誰が決めたのでしょうか。自分の中や社会にはびこる固定観念を疑ってみること、そして「かかえない」「分けない」という発想がとても大切です。

核家族化、孤立・孤独、育児や介護のワンオペ、ヤングケアラー・ケアラー、ひきこもりなど、人生の中でどうしても「一人」になってしまうことがあります。しかし、その「一人」は「孤独」とは異なります。その「一人」を社会が支えます。どのような状況であっても「安心して一人で生きられること」が可能な日本にしていきたいと、私は強く思います。『デジタル・ケアタウン構想』とともに、介護・看護・子育てに社会全体で取り組む国を、境界よりつながりのある社会を、「ひとつ」の社会を、ともにつくってみませんか？

あとがき

皆さんの子どもの頃の夢って何でしたか？　そしてそれは実現できそうでしょうか。

私の小さい頃の夢は、「ロケットで宇宙に行くこと」でした。自分が大人になる頃には、火星の移住はもちろん、広い宇宙を旅できて、「未知の存在である宇宙人と、仲良くなり、楽しい世界にする！」という夢です。

宇宙ステーションは、地上４００キロの所にありますが、その距離は、東京から岩手県くらいで実は意外と近いです。また、世界の富豪であるテスラ社のイーロン・マスク氏は、ものすごく宇宙産業に力を入れています（ちなみに彼は50歳で総資産20兆円）。その天才で変人とも言われる彼の宇宙計画でさえ、火星移住はもう少し時間がかかると言っています。

私の夢の実現は難しくなりましたが、今もワクワクしています。

なぜなら「未知の存在と、仲良くなって、楽しい世界にする」という夢の、この「未知の存在」が世の中にはまだまだたくさんあるからです。

例えば、障害を持った方々。障害にも、身体障害、知的障害、精神障害など様々です。そういった方々は、日本だけでも約1,000万人（人口の7・5％）もいます。また他にも、難病の子どもたち、認知症の高齢者、ケアラーやヤングケアラーなど、これまで気づかれなかった存在や、社会的マイノリティーの人たちが世の中にたくさんいます。

そういった、これまで知らなかった人たち、関わってこなかった人たちと関わり、わかり合って、楽しい世界をつくっていきたい。そう思うんです。というわけで、私の夢は続いています。

知らなかった存在とわかり合えたら、きっとステキな世界がひろがっています。

最後に、つながりの話をして終わりたいと思います。

春のお彼岸の入り、娘が嬉しそうに朝方に見た夢の話をしてきました。その内容はというと、仲の良いお友達3人と100円ショップに買い物に行ったとのこと。小学2年生（当時）からするとお友達同士でお買い物するだけで最高なのでしょう。「色々と買い物をして、それで黒の墓をみんなで作ったの」というのですが、「黒の墓?・?・」

夢だと怖そうなことも楽しくできるのかと思いながらよく聴いてみると、黒の墓ではなく、私が高校生の頃に飼っていた愛犬ラブラドールのクロの墓らしいのです。私が高校生の頃の話だから、かなり昔のこと。娘はもちろん見たこともなければ、愛着もないはず。私も娘に話したことがあったかもしれませんが、その夢を見たこと、そしてみんなでお墓を作って供養してくれたことに、何か感動を通り越して不思議な気がしてきました。

「きっとクロが喜んでいるよ。ありがとう」と伝えると、「夢だけどね」とにっこり笑う娘。夢でもクロは喜んでいると思う。全く実態のない話だが、あの世のクロは間違いなく幸せだと思いました。

そして世界はひとつだと感じました。

最後に、この本を読んでくださったあなたに感謝致します。目に見えないつながりを感じます。

2023年8月16日

吉良英敏

埼玉県ケアラー支援条例（全文）

埼玉県ケアラー支援条例をここに公布する。
令和二年三月三十一日

埼玉県知事　大　野　元　裕

埼玉県条例第十一号
埼玉県ケアラー支援条例

（目的）
第一条　この条例は、ケアラーの支援に関し、基本理念を定め、県の責務並びに県民、事業者及び関係機関の役割を明らかにするとともに、ケアラーの支援に関する施策の基本となる事項を定めることにより、ケアラーの支援に関する施策を総合的かつ計画的に推進し、もって全てのケアラーが健康で文化的な生活を営むことができる社会を実現することを目的とする。

（定義）
第二条　この条例において、次の各号に掲げる用語の意義は、当該各号に定めるところによる。
一　ケアラー　高齢、身体上又は精神上の障害又は疾病等により援助を必要とする親族、友人その他の身近な人に対して、無償で介護、看護、日常生活上の世話その他の援助を提供する者をいう。
二　ヤングケアラー　ケアラーのうち、十八歳未満の者をいう。
三　関係機関　介護、障害者及び障害児の支援、医療、教育、児童の福祉等に関する業務を行い、その業務を通じて日常的にケアラーに関わる可能性がある機関をいう。
四　民間支援団体　ケアラーの支援を行うことを目的とする民間の団体をいう。
（基本理念）
第三条　ケアラーの支援は、全てのケアラーが個人として尊重され、健康で文化的な生活を営むことができるように行われなければならない。
2　ケアラーの支援は、県、県民、市町村、事業者、関係機関、民間支援団体等の多様な主体が相互に連携を図りながら、ケアラーが孤立することのないよう社会全体で支えるように行われなければならない。
3　ヤングケアラーの支援は、ヤングケアラーとしての時期が特に社会において自立的に生きる基礎を培い、人間として基本的な資質を養う重要な時期であることに鑑み、適切な教育の機会を確保し、かつ、心身の健やかな成長及び発達並びにその自立が図られるように行われなければならない。
（県の責務）
第四条　県は、前条に定める基本理念（第六条第一項及び第七条第一項において「基本理念」という。）にのっとり、ケアラーの支援に関する施策を総合的かつ計画的に実施するものとする。
2　県は、ケアラーの支援における市町村の役割の重要性に鑑み、市町村がケアラーの支援に関する施策を実施する場合には、助言その他の必要な支援を行うものとする。
3　県は、第一項の施策を実施するに当たっては、市町村、事業者、関係機関、民間支援団体等と相互に連携を図るものとする。
（県民の役割）

第五条　県民は、ケアラーが置かれている状況及びケアラーの支援の必要性についての理解を深め、ケアラーが孤立することのないように十分配慮するとともに、県及び市町村が実施するケアラーの支援に関する施策に協力するよう努めるものとする。

（事業者の役割）

第六条　事業者は、基本理念にのっとり、ケアラーの支援の必要性についての理解を深め、その事業活動を行うに当たっては、県及び市町村が実施するケアラーの支援に関する施策に協力するよう努めるものとする。

2　事業者は、雇用する従業員がケアラーである可能性があることを認識するとともに、当該従業員がケアラーであると認められるときは、ケアラーの意向を尊重しつつ、勤務するに当たっての配慮、情報の提供その他の必要な支援を行うよう努めるものとする。

（関係機関の役割）

第七条　関係機関は、基本理念にのっとり、県及び市町村が実施するケアラーの支援に関する施策に積極的に協力するよう努めるものとする。

2　関係機関は、その業務を通じて日常的にケアラーに関わる可能性がある立場にあることを認識し、関わりのある者がケアラーであると認められるときは、ケアラーの意向を尊重しつつ、ケアラーの健康状態、その置かれている生活環境等を確認し、支援の必要性の把握に努めるものとする。

3　関係機関は、支援を必要とするケアラーに対し、情報の提供、適切な支援機関への案内又は取次ぎその他の必要な支援を行うよう努めるものとする。

（ヤングケアラーと関わる教育に関する業務を行う関係機関の役割）

第八条　ヤングケアラーと関わる教育に関する業務を行う関係機関は、その業務を通じて日常的にヤングケアラーに関わる可能性がある立場にあることを認識し、関わりのある者がヤングケアラーであると認められるときは、ヤングケアラーの意向を尊重しつつ、ヤングケアラーの教育の機会の確保の状況、健康状態、その置かれている生活環境等を確認し、支援の必要性の把握に努めるものとする。

2　ヤングケアラーと関わる教育に関する業務を行う関係機関は、支援を必要とするヤングケアラーからの教育及び福祉に関する相談に応じるとともに、ヤングケアラーに対し、適切な支援機関への案内又は取次ぎその他の必要な支援を行うよう努めるものとする。

（ケアラーの支援に関する推進計画）

第九条　県は、ケアラーの支援に関する施策を総合的かつ計画的に推進するための計画（以下この条において「推進計画」という。）を策定するものとする。

2　推進計画は、次に掲げる事項について定めるものとする。

一　ケアラー及びヤングケアラーの支援に関する基本方針

二　ケアラー及びヤングケアラーの支援に関する具体的施策

三　前二号に掲げるもののほか、ケアラー及びヤングケアラーの支援に関する施策を推進するために必要な事項

3　県は、推進計画を定め、又は変更したときは、遅滞なくこれを公表するものとする。

（広報及び啓発）

第十条　県は、広報活動及び啓発活動を通じて、県民、事業者及び関係機関が、ケアラーが置かれて

いる状況、ケアラーの支援の方法等のケアラーの支援等に関する知識を深め、社会全体としてケアラーの支援が推進されるよう必要な施策を講ずるものとする。

（人材の育成）

第十一条　県は、ケアラーの支援の充実を図るため、相談、助言、日常生活の支援等のケアラーの支援を担う人材を育成するための研修の実施その他の必要な施策を講ずるものとする。

（民間支援団体等による支援の推進）

第十二条　県は、民間支援団体その他のケアラーを支援している者が適切かつ効果的にケアラーの支援を推進することができるよう情報の提供、助言その他の必要な施策を講ずるものとする。

（体制の整備）

第十三条　県は、ケアラーの支援を適切に実施するため、ケアラーの支援に関する施策を総合的かつ計画的に実施するために必要な体制及び県、市町村、関係機関、民間支援団体等の相互間の緊密な連携協力体制の整備に努めるものとする。

（財政上の措置）

第十四条　県は、ケアラーの支援に関する施策を推進するため、必要な財政上の措置を講ずるよう努めるものとする。

附　則

この条例は、公布の日から施行する。

著者プロフィール

吉良 英敏（きら ひでとし）

1974年埼玉県幸手市の真言宗豊山派「正福院」の16代目として生まれる。

小沢一郎代議士秘書を経て、2015年から埼玉県議会議員（３期目）。

全国初「埼玉県ケアラー支援条例」提案者代表。

全国初のケアラー月間が創設され、ケアラーフェスティバル、ケアラー・ヤングケアラー全国行脚キャラバンなど展開中。幸せ目線の学生経済フォーラム「YouthCare Summit（ユース・ケア・サミット）」も2023年秋に開催予定。

ケアラータイムズ主宰。

寺子屋きらきらこども塾代表。

YouthCare Summit（ユース・ケア・サミット）統括マネージャー

見えない存在 埼玉県ケアラー支援条例から

2023年12月15日　初版第１刷発行

著　者　吉良 英敏
発行者　瓜谷 綱延
発行所　株式会社文芸社
〒160-0022 東京都新宿区新宿１－10－１
電話 03-5369-3060（代表）
03-5369-2299（販売）

印刷所　株式会社晃陽社

ISBN978-4-286-25046-5